产业周期内生性与
长期经济可持续增长机制

陈昆亭　侯博文　著

科　学　出　版　社

北　京

内 容 简 介

关于决定经济增长的本质因素，不同经济学家和学派持有不同的观点。实质上，供给和需求均是经济增长的两大驱动力，但在不同时期各自表现出的主导作用大小不同，各个国家在不同发展阶段表现出的供需主导特征也不同。总体来看，马尔萨斯时期至工业革命初期再至后工业化阶段（当前阶段），起决定性作用的经济增长因素在供给侧与需求侧之间发生转换，进而决定了供需双方的主导地位。在本书中，依据现实经济环境逐步并深入对需求有限性、产业周期发展与可持续增长机制展开研究，并试图基于此研究为解释各经济体形成倒 "V" 形长周期趋势的机制与原因提供基础性的理论分析框架。

本书适读于经济学硕博研究生以及对需求侧研究感兴趣的学者。

图书在版编目（CIP）数据

产业周期内生性与长期经济可持续增长机制/陈昆亭，侯博文著. —北京：科学出版社，2024.6

ISBN 978-7-03-077711-9

Ⅰ. ①产… Ⅱ. ①陈… ②侯… Ⅲ. ①经济增长－研究 Ⅳ. ①F061.2

中国国家版本馆 CIP 数据核字（2023）第 254637 号

责任编辑：郝　悦 / 责任校对：姜丽策
责任印制：张　伟 / 封面设计：有道设计

科 学 出 版 社 出版

北京东黄城根北街 16 号
邮政编码：100717
http://www.sciencep.com

北京厚诚则铭印刷科技有限公司印刷
科学出版社发行　各地新华书店经销

*

2024 年 6 月第 一 版　开本：720×1000　1/16
2024 年 6 月第一次印刷　印张：9 1/4　插页：1
字数：187 000

定价：112.00 元
（如有印装质量问题，我社负责调换）

前　言

后危机时代，全球各主要资本经济体特别是新兴经济体均出现经济发展的滞胀问题，经济增长缺乏有力增长点。经济学者通过三方面数据意图表明滞胀逐渐逼近的事实：一是康波周期即将从衰退进入萧条（Hirooka，2006）；二是贸易战等国际因素带来了结构性通货膨胀（张成思和田涵晖，2020）；三是天灾人祸如农产品和能源的减产以及疫情的威胁（汤铎铎等，2020）。更深层次地理解全球滞胀问题应从其根源追溯：从大航海时代以来，地理大发现推动了世界范围内的贸易往来 [如 Pomeranz（2001）的"外部关联"作用，Galor 和 Weil（2000）以及 Stokey（2001）等强调的"贸易双刃剑"等机制]；贸易的繁荣进而推动技术创新和工业化的大发展（Lucas，2004；Lucas，2009；Galor and Mountford，2003），这些因素成就了西方先进发达经济体工业化第一阶段近两个世纪的"脱离性"发展。但与此同时，贸易伴随技术扩散（两种机制：一方面是落后经济体的内生发展需求动力机制，另一方面是发达经济体的内生"更大的市场空间需求"竞争动力机制）。以贸易持续拓展和技术持续扩散为主的全球化发展构成了工业化大发展整体性的第二个阶段特征。持续发展的周期性经济危机的微观基础形成了这样的循环规律：技术进步或市场再分配→市场需求空间扩大→市场需求空间饱和→增长衰减（严重时引致经济危机）。进入工业化后期，经济增长受到全球多种产品市场饱和的制约，多国经济面临滞胀甚至衰退风险，即对应上述循环规律：市场需求空间饱和→增长衰减（严重时引致经济危机）。通过进一步分析发现，当技术取得重大创新突破时，技术以及创新产品扩散至更大的市场需求空间，从而市场需求的增长带动了经济高速增长；当技术进步停滞不前或较缓慢时，无法或不能及时消除市场需求空间的饱和进而引致经济危机或增长停滞问题。总结来看，市场空间大小决定的市场需求饱和水平是导致全球滞胀问题的主要原因之一。我国推进的一系列关于需求侧发展的经济政策，均是为防范经济危机和解决经济增长停滞问题做出的充分的准备。

在党的十九大报告中，习近平总书记指出了进入新时代后的矛盾转换问题。从经济学的视角出发，社会主要矛盾已经转化为人民日益增长的美好生活需要和不平衡不充分的发展之间的矛盾。社会居民家庭生活层面的需求具备有效需求和需求有限性两个特点，有效需求是指创新和供给只有消费者买单才有效，即企业生产的产品被社会中的居民家庭消费和接收，不存在资本和劳动等要素的无效损耗。需求有限性是指社会家庭对该类同等效用产品的需求存在着上限即需求会达到饱和水平的特征。在全球滞胀背景下，中国经济增速连续 13 年下降，传统增长理论多遵从供给侧释因寻策。然而，Stiglitz（斯蒂格利茨）在"跨越 2020：经济增长理论与中国发展学术研讨会"上指出：中国经济当前最大的问题是需求不足。"十四五"规划、全国人民代表大会和中国人民政治协商会议（简称两会）以及 2020～2022 年由中国政府召开的多次会议中（2020 年 5 月 14 日中共中央政治局常务委员会会议、2020 年 10 月 29 日中国共产党第十九届中央委员会第五次全体会议、2021 年 12 月 6 日中共中央政治局会议），均出台应对需求不足引致经济增长衰退问题的政策与建议。习近平总书记在党的二十大报告中指出："我们要善于通过历史看现实、透过现象看本质，把握好全局和局部、当前和长远、宏观和微观、主要矛盾和次要矛盾、特殊和一般的关系。"[①]一系列会议一致强调应高度重视需求不足制约经济可持续增长的问题。更深层次的思考，产业发展是受约束于需求侧因素的，健康产业发展应遵从需求侧是经济可持续增长稳定的基础。传统经济增长理论对需求侧的设定存在不科学、不合理以及不符合现实经济环境发展等问题，因此，不能够有效地为当前各经济体的健康发展提供理论支撑。

工业革命初期至后工业化阶段，起决定性作用的经济增长因素在供给侧与需求侧之间发生转换，进而决定了供需双方的主导地位。在早期食物、工业产品等稀缺的年代，供给侧生产端的技术水平、资本禀赋以及劳动供给量等因素决定着经济增长水平，但在产能过剩的现实经济环境下，需求侧因素又逐渐成为决定经济增长的主要方面。传统宏观经济增长理论的相关研究认为，在资本主义经济体发展历程中，经历跨越"马尔萨斯陷阱"阶段，随后进入工业化初期发展阶段，再进入经济全面快速发展的后工业化阶段后，各经济体将进入平衡增长的均衡阶段，但现实环境下的经济发展路径并没有与理论预期的结论一致。传统宏观经济增长理论的逻辑思路的缺陷在于仅注重于供给侧生产方因素的研究，而忽略了需求侧更深层次的需求有限性特征的重大影响，因此，在此逻辑思路下解释当前现阶段经济发展问题是存在有偏思路和多重矛盾的。

经济增长问题的研究大多数是在 RBC（real business cycle，实际经济周期）类模型框架下分析完成的。传统 RBC 类模型如 Prescott（1986）估计波动 70%～80% 归于实际冲击，基本可以完美地解释周期的成因源于技术进步等供给侧因素。但 RBC 类模型依赖外生的技术进步冲击解释周期性波动，不具备解释周期波动的内生性特征的能力。其中，纵向技术进步、新产品横向创新、收入差距、需求增速以及需求上限是制约经济可持续增长的几个主要因素。本书试图以产业发展的

---

① 《习近平：高举中国特色社会主义伟大旗帜　为全面建设社会主义现代化国家而团结奋斗——在中国共产党第二十次全国代表大会上的报告》，https://www.gov.cn/xinwen/2022-10/25/content_5721685.htm。

周期性形成的总体经济周期性作为潜在的微观基础，将模型设定为存在先天的内生周期的机制，进而将模型中技术进步冲击的结构性内生化。

　　进一步思考，1900～1960 年和 1960～2020 年的美国经济的发展显然走出了一个显著上升和萧条的倒"V"形长周期过程。在上升的过程中，一切因素，甚至包括危机和战争都可能成为推动其进一步发展的动力，而在其萧条的过程中，多数的被认为可以支持其增长的因素似乎又都失去了往日的荣光。实际上，几乎所有的老牌发达经济体，在其已经经历过的工业化过程中，从初始工业化过程的上升到后工业化阶段的衰减过程，都有类似的倒"V"形特征。因而，本书将进一步思考和探究：决定各经济体倒"V"形长周期的内在的机制究竟是怎样的？影响因素有哪些？中国又该怎样有效地避免倒"V"形长周期发展趋势。

　　本书提出相对应的政策建议。首先，创新和重构我国现代化经济管理理论，无管控和无制约的供给生产与需求有限性的事实存在迫切需要先进的管理理论来指导与实施，减少供给侧的无效生产和资源损耗，并通过合理调配原材料、物流以及生产成本的方式促进内外需求双循环。其次，供给生产和需求消费潜力与可持续程度如何测度，以及如何优化供给与需求结构的一致性，是当下及将来需要高度重视和解决的重大问题。进一步地，必须解释资本主义经济体系下工业化过程中的倒"V"形发展趋势规律是如何形成的这一问题。不同经济制度下共同面临的问题是，每一种产品需求的有限性规律决定了各产业饱和周期的必然性。这就决定了加总以后的产业总水平必然出现一个拐点，即倒"V"形趋势，中国如何避免这一发展趋势是值得思考的问题。再次，供给侧的产业结构与需求侧的市场结构不一致是导致这一倒"V"形发展趋势的微观层面的主要因素。只有深刻理解供需结构一致性问题才能更好地制定科学的规避倒"V"形发展周期趋势的政策。在现阶段的经济体系下，供需结构内生不一致问题无解，长期增长则是不可持续的。最后，在解决以上问题的基础上，如何实现共同富裕与经济增长双目标任务形成以下逻辑思路，即供需结构优化引致经济整体增长，再分配引致整体收入水平提高（共同富裕），并进一步引致总体需求水平提升，供给生产方得到进一步的产能释放，从而实现可持续经济增长的良性循环。

目　　录

第一章　需求有限性与产业周期

在传统经济理论研究中，包括新古典增长理论、内生增长及统一增长理论等，均是从技术进步、资本禀赋和人力资本等因素分析其与经济增长之间的关联机制及影响效应的视角展开研究，在此类理论研究中也都是仅侧重于以供给侧因素为主的逻辑思路且假定需求侧因素是稳定不变的。在早期食物、工业产品等稀缺的年代，供给侧生产端的技术水平、资本禀赋以及劳动供给量等因素决定着经济增长水平，但在产能过剩的现实经济环境下，需求侧因素又逐渐成为决定经济增长的主要方面。工业革命初期至后工业化阶段，起决定性作用的经济增长因素在供给侧与需求侧之间发生转换，进而决定了供需双方的主导地位。传统宏观经济增长理论的相关研究认为，在资本主义经济体发展历程中，经历了逃离"马尔萨斯陷阱"的阶段，随后进入工业化初期发展阶段，再进入经济全面快速发展的后工业化阶段后，各经济体将进入平衡增长的均衡阶段，但现实中并没有与理论预期的结论一致。这是由于近代传统经济增长理论的发展主要集中在供给侧因素的研究，而忽略了需求侧因素及需求有限性特征的重大影响，在这种逻辑思路下分析经济问题将存在着理论滞后于现实经济环境的诟病。因此，传统经济增长理论在分析当前经济问题时存在着有偏思路，仅侧重于供给侧因素为核心的研究不能够为当前各经济体发展提供有效的理论支撑和政策指南。

若意图研究需求侧因素及需求有限特征对经济增长的重大影响，需要追溯此方向研究的来龙去脉，才能更全面、更科学地分析需求侧对经济增长与波动产生的一系列问题。本章对需求侧因素、需求有限性及有限需求理论的提出和发展等相关研究进行了详尽的梳理和归纳，为以后此方向的研究奠定了基础。同时，对于产业周期的研究脉络在第二节中也做出详尽的梳理与归纳，一方面是为深入探究产业周期内生决定因素做好基础性准备，另一方面有助于读者更好地理解需求有限性如何决定产业周期内生机制及对经济增长产生怎样的影响。

第一节　需求有限性的研究脉络

国内外对需求侧因素的研究涉及许多具体方面，如三大类需求、需求结构演进、供需双侧结合、居民消费需求以及技术创新等因素，并且将这些需求侧因素与经济增长联系起来分析经济增长问题。以下分别归纳总结国外和国内需求侧因素对经济增长影响的相关研究。

一、国外需求侧因素影响经济增长的研究

传统宏观经济学者认为，在不断变化的工业发展过程中，大规模的工业变迁只有在一个需求和消费迅速发展的社会中才可能实现和完成，需求侧因素驱动的技术变迁可以很好地解释经济增长和工业化阶段的发展特点。

国外对需求侧因素开始重视并探究其如何影响经济增长的主流研究最早应从凯恩斯提出的有效需求理论展开。在此之前的研究中，更早期的英国著名经济学家马尔萨斯在《政治经济学原理》一书中指出，社会有效需求不足可能引致经济危机。随后，Keynes（1936）重新强调有效需求不足对经济增长的重大影响，并较完整地建立了有效需求不足理论，该理论聚焦于需求总量的研究，侧重于探究经济增长是由有效需求推动进而实现的过程。

后凯恩斯主义经济学家 Samuelson（1976）等在全球贸易环境下指出，经济增长来源于总需求水平的不断增长，并认为总需求包括投资需求、消费需求和净出口需求三大类需求。Kalecki（1969）认为收入分配在一定程度上影响着需求水平，基于收入分配的角度分析需求侧问题意义重大，并认为投资需求不足是影响总产出水平的主要原因。Kaldor（1961）和 Kuznets（1973）等经济学家指出，消费需求是三大类需求中最持久、最稳健、最重要的需求，同时在需求结构变化中最稳定的因素仍是消费需求，消费需求水平的不断增长不仅能够体现人们生活水平的提高而且也是实现经济增长的根本原因和主要手段。Hansen（1985）指出，消费需求、净出口需求与投资需求三者之间存在密切且重要的关联影响，净出口需求和投资需求通常以数倍的程度围绕着消费需求的波动而变动，是经济波动的主要来源。Walker 和 Vatter（2000）通过收集第二次世界大战后的美国经济数据并进行深入分析，发现在传统宏观经济增长理论思维逻辑下无法解释美国 1960 年以后出现的经济增速快速下降的现象，并认为其原因是理论模型中的生产函数忽略了需求侧因素的重要影响，而需求侧因素对经济增长的影响重大。Osterhaven 和 Hoen（1998）认为，需求侧因素是决定大部分西方欧洲国家经济增长水平和发展阶段的最重要因素，但如技术水平、资源禀赋、人力资本和效用偏好等其他因素在不同国家的重要性和影响程度存在较大差异。Chenery（1989）和 Syrquin（2010）的研究一致认为，一个国家或地区在不同经济发展阶段实施的经济政策和战略，对该国或地区需求结构内部的比例关系变化将产生直接性影响，并且二者均发现投资率的增大会引致消费率的下降，但当经济发展进入后工业发展或发达阶段后这些国家的投资率和消费率可能进入稳定状态。Gill 等（2007）的

研究发现，如日本、韩国和新加坡等亚洲国家通过自主研发、技术创新、制定收入政策等措施完成了需求的创造和需求的转换，从而在刺激需求快速上升的基础上实现"中等收入陷阱"的跨越。

以下内容归纳并梳理了需求结构变动对经济增长影响的外文研究。Rostow（1960）将经济发展分为 6 个阶段且逐渐递进升级，研究发现不同的经济发展阶段决定了需求结构的变化，在高消费水平发生之前的阶段，投资率逐渐上升且消费率不断下降，而在高消费水平发生之后的阶段，投资率与消费率的变动方向与之前阶段则相反。Chenery（1960）、Syrquin 和 Chenery（1989）通过结合需求结构演进、经济发展阶段、发展战略方针分析，发现需求结构演进大致呈现出这样的规律：工业化初期的投资率逐渐上升而消费率不断下降，在后工业化阶段或经济发达阶段时的投资率和消费率均趋于稳定发展趋势，需求结构因素对发展中国家的影响程度强于发达国家，因此，应重视发展中国家和发达国家的增长因素差异，对于发展中国家的经济增长必须更加重视需求结构变动的影响。Murphy 等（1989）研究发现，收入分配不平等的加剧将引致有效需求不足，特别是消费需求不足，进一步对需求结构演进产生较大冲击。在经济发展过程中，需求结构演进是大部分发展中国家较为突出的核心特点，也是各经济体实现一定经济增速和发展模式的重要过程，但需求结构发展的失衡不利于经济长期持续均衡增长，并且会产生一系列负面影响（Garegnani and Trezzini，2010）。

二、国内需求侧因素影响经济增长的研究

国内对需求侧因素影响经济增长的文献主要以"三驾马车"、居民消费需求、需求结构演变、技术创新和需求因素以及供给侧和需求侧相结合展开研究。

首先，学习和归纳以"三驾马车"为核心因素影响经济增长的相关文献。沈利生（2009）通过非竞争型投入产出模型分析"三驾马车"对经济增长拉动的影响，发现 2002～2009 年呈现出消费拉动作用逐渐下降走势、出口拉动作用逐渐上升走势，并指出经济增长方式已经在三大需求之间发生转变。任泽平和张宝军（2011）主要以三大需求对总需求的贡献率作为界定经济增长模式的方法，对中国经济增长模式的内需和外需进行比较分析，研究发现中国经济发展以内需为主体需求，经济增长模式具有双轮驱动的显著特征。侯新烁和周靖祥（2013）探究三大需求结构的时空演化效应对经济增长的影响，利用时空加权回归法对需求引致增长的局部结构效应进行分析，结果发现中国区域经济发展存在不平衡且时空异质性特征，不同区域间的消费特征显著不一致，东部地区长期保持相对较高的投资拉动增长的结构效应，发达地区比欠发达地区拥有更多的发展机遇。郭庆旺和赵志耘（2014）通过对收集的长达 40 年的 112 个跨国面板数据进行分析比较，发

现中国需求消费主要是居民消费需求而不是出口导向型的消费需求，然而中国经济近 20 年的高速增长是由投资拉动的，并认为依托于"三驾马车"的中国经济增长存在宏观动态结构性的失衡悖论。杨洋等（2015）通过 UC（unobserved components，不可观测成分）趋势周期分解模型将 GDP（gross domestic product，国内生产总值）、消费、投资和出口变量分解为趋势成分、共同周期因子和特异扰动成分并探究各经济变量之间的周期关联性，研究发现 1983~1991 年消费和投资周期驱动了共同周期因子的同时增长，而 1992~2003 年投资和消费周期的增长分别快于和慢于共同周期因子的增长，因而中国经济由紧缩逐渐转为扩张主要由投资需求的快速增长所驱动。杨贵中和白云升（2016）将资本形成需求分为国内资本形成需求和国外资本形成需求，与消费需求和净出口需求合称为"四大需求"，通过收集世界投入产出表数据分别估算"四大需求"对我国经济增长的拉动程度，发现对于第一产业和第三产业产出增长贡献率最大的是国内消费需求，国内资本对制造业和建筑业等行业增长的贡献率最大，国外消费、国外资本对我国中、高等技术水平制造业增长的贡献率大于国内消费需求。渠慎宁等（2018）将消费需求和投资需求引入具有非位似偏好和差异性生产率特征的多部门经济增长模型，发现消费需求和投资需求是驱动中国产业结构转型的根本原因，并提出需要通过供给侧结构性改革、降低对消费需求和投资需求的依赖度，才能够尽快完成我国产业结构转型。郭克莎（2019）认为解决经济增长问题的重点是在一定程度上扩大总需求和尽快实现产业结构调整与升级，并且必须提供和落实扩大总需求的政策为经济发展提供良好的环境和条件。

其次，在此对于居民消费对经济增长的影响研究进行学习和归纳。扩大内需的主要驱动力来源于居民消费需求，对促进经济可持续增长具有较好的稳定性和持续性，也是双循环中的主体循环。"十四五"规划、两会以及 2020~2022 年中央经济工作会议多次重点指出，利用好国内强大的市场优势并充分激发内需潜力，强调将双循环新发展格局中的扩大内需作为战略基本点。然而，刺激国内消费需求的关键核心点在于扩大内需。刘金全（2002）通过计量模型和 Granger（格兰杰）因果影响关系检验的方法，研究发现 1992~2002 年中国经济增长过程中的消费与产出存在双向 Granger 因果影响，消费需求是主要驱动力，累积消费的 Granger 影响在经济增速较低的期间更为显著，进一步证明中国经济发展过程中存在一定程度的有效需求不足。刘瑞翔和安同良（2011）通过收集 1987~2007 年中国投入产出数据并在非竞争型投入产出模型中探究中国经济增长问题，发现消费需求、投资需求及出口需求对我国经济增长的贡献率呈现出下降趋势，现阶段的经济增长点仍在工业部门且内部发生了从轻工业迅速向重工业转移的特征。纪明（2012）在理论和实证两方面分析需求侧如何驱动经济增长和价格水平波动的影响，发现在消费需求驱动经济增长的过程中出现由强变弱再变强的变动趋势，在投资需求驱动经济增长的过程中则是由弱变强再变弱的变动趋势，投资、消费和产出在均衡增长状态下出现同时增长的趋势，价格水平波动趋势基本稳定。陈大和（2013）发现在中国经济发展中扩大内需的主要矛盾在于重视储蓄积累、一二产业、重工业、财政收入和企业利润增加、城镇区域扩张、物质资本效率，而忽略消费支出、第三产业、轻工业、居民收入差距扩大、农村人口转移、人力资本投入的重要作用，并提出通过加快城镇化建设并推进整体发展水平，全面提高居民收入水平的同时并引导分配结构呈"橄榄"形结构的措施。李建伟（2013）基于 1978～2012 年耐用消费品数据分析耐用消费品需求增长周期是否关联经济增长周期波动，结果发现，1978～2006 年我国家用电器类为主的耐用消费品需求逐渐转向以家庭乘用车为主，2007～2012 年耐用消费品需求逐渐下降，其中包括了出口数量的大量减少，GDP 增速从 2007 年也进入逐渐下降的回调阶段，未来国内城乡居民家庭对耐用品的需求主要来自于更新需求和创新需求，乘用车需求受约束于居民收入水平且已经完成一轮需求增长。洪银兴（2013）研究发现经济增长点由外需转向内需，具体表现为主要驱动力由投资需求变为消费需求。进一步分析发现，从消费需求拉动经济增长的条件包括扩大消费需求和发展消费经济方面，提出了鼓励居民家庭即时消费、加大生产和服务业创新、推动多元化消费方式等措施，以促进经济增长。吴振宇（2014）将最终产品分为最终需求产品和生产性投资产品，并在投入产出模型中分析最终需求产品对生产性产品及对整体经济增长的贡献作用。通过对近几年数据的分析发现，消费需求、房地产和建筑行业、进出口对经济增长的贡献率分别约为 50%、35%、15%，同时提出紧急化解金融等各类风险、加速重要领域制度改革以确保经济增长稳定发展。龚志民和李子轩（2020）利用灰色系统理论探究中国消费与经济同步增长的机理并进行国际比较，结果发现中国与发达国家之间的同步指数存在较大差距，并提出提升同步指数的措施包括完善市场机制功能、积极发挥资源配置作用、提高劳动力的收入水平和鼓励引导消费需求。高波和雷红（2021）利用中国劳动力动态调查（China labor-force dynamics survey，CLDS）的微观数据和中国 260 个地级及以上城市的数据探究居民消费支出、居民消费率、消费结构升级等因素的经济增长效应，通过实证分析发现居民家庭的消费支出对经济增长产生直接激励作用，居民消费率和人力资本水平正向促进经济增长。

再次，传统经济增长理论以及现代增长理论的研究均不同程度地忽略了需求因素的制约效应，因此，在解释现实经济问题中缺乏合理性和应用性。以下研究是经济学者们围绕需求结构演变对经济增长的影响展开的讨论。纪明（2010）在索洛增长模型框架的基础上进一步改进模型并做出实证分析，研究发现在均衡增长路径上，需求总量的持续增加引致需求结构的变动，在工业化发展进程中，最终需求与投资需求的增速呈现出先下降后上升的变动趋势，需求结构失衡是制约经济增长的重要因素之一。史晋川和黄良浩（2011）在1970～2008年国际需求结构演变规律的基础上，分析中国经济发展过程中的总需求结构特征，揭示了总需求结构的失衡与调整机制，研究发现调整总需求结构重点不在于需求结构本身，而应该从制定战略方针和收入分配制度两方面着手。胡建生和纪明（2013）通过收集1978～2010年的数据，并运用需求分析模型，探讨了需求结构变动对中国经济增长的影响。研究发现，1978～1996年提升消费需求相对于提升投资需求和净出口需求更有利于经济持续增长的稳定性。然而，1997～2010年消费率和消费需求产出弹性均出现迅速下降，进一步导致消费需求对中国经济的持续增长产生了较大限制。纪明和刘志彪（2014）基于中国1998～2011年31个地区面板数据，探究了通过设定测量需求结构演进的两个指标，包括需求结构的合理化和高级化，需求结构演进对中国经济的增长与波动影响，进而发现通过降低需求结构的合理化水平和高级化水平能够提高经济增速，而需求结构合理化和高级化的提高对经济波动具有一定的稳定作用。郭克莎和杨阔（2017）通过政治经济学的视角探究需求制约对中国经济增长的长期影响、趋势及政策选择，研究发现中国在1978年以后经济的高速增长主要由需求增长拉动，而进入新常态后的经济增长主要由内需增速变化所决定，并提出供需结构问题影响着长期需求增速，应把供需求侧结构性改革相互结合定为长期增长政策。倪红福等（2020）通过收集各国投入产出表数据探究中国宏观需求结构的长期演变、逻辑及趋势，研究发现中国1978～2020年的宏观需求结构演进历程为消费主导型—投资和进出口快速增长型—消费和投资协同驱动型，并指出经济增长在不同阶段的需求动力存在着明显差别。

最后，有较多研究是将需求侧因素与技术创新相结合分析经济增长问题。孙军（2008）从需求因素视角出发建立了全球化背景下需求侧因素、技术创新和产业结构演变的封闭模型，分析了需求约束条件下的技术创新和产业结构演变的内在机制并进行数值模拟，结果发现，国家政府出台技术创新的激励政策对于产业结构升级具有重大意义。康志勇和张杰（2008）认为一国有效需求与自主创新能力之间存在着重要影响，市场分割和收入差距对有效需求规模和结构的变化具有决定性作用；认为构建提高中国自主创新能力的逻辑思路需去除有效需求对自主创新产生的功能缺位问题。崔健（2013）对日本需求侧因素、产品创新与经济增长之间的影响关系展开研究，研究发现日本的经济增长是由于产品创新带来的需求增加所驱动的，并通过实证分析揭示了产品创新与需求的相互作用所产生的产业结构高级化与经济增长的关系，最后，结合具体现实事例说明了需求对最终消费品创新的影响以及中间投入品的创新对产品创新和需求的影响。李冬琴（2016）在创新驱动的视角下，对供给的促进与需求的诱致影响展开分析，提出鼓励需求侧与供给侧的精准对接研发，积极进行商业化前的采购措施，以需求为主导引领创新。蔡强和田丽娜（2017）基于东北老工业基地探究技术创新与消费需求之间的耦合作用关系，采用耦合协调度模型测度得到2008～2013年东北三省技术创新与消费需求的综合发展水平与耦合协调度大小，发现东北三省技术创新与消费需求的耦合协调度逐年提升。黄彩虹和张晓青（2020）通过收集2000～2017年中国省域面板数据，构建时空双固定效应空间杜宾模型，探究创新驱动居民消费需求提升的影响程度与空间溢出效应，研究发现创新驱动居民消费需求效应体现在直接促进本区域居民消费率增长，并通过创新要素的流动外溢，提升相邻区域的消费率；根据不同空间权重矩阵下的回归系数结果，发现当创新水平、地域因素、人力资本等要素水平匹配时将进一步激发其外溢作用。钱学锋和裴婷（2021）构建包含0～1类型需求结构的一般均衡模型，同时考虑消费者异质性和企业异质性，推导出收入分布隐含的多层次需求结构、市场规模以及二者的交互对不同生产率企业创新的影响，刻画出内涵更加丰富的"新的价格效应"和"新的市场规模效应"，研究发现收入分布的右移以及市场规模的扩大都会促进高生产率企业的创新，并且市场规模的扩大会再次促进收入分布的创新效应。吕铁和黄娅娜（2021）基于我国城镇收入与支出数据，并结合中国工业企业数据库的相关行业数据，分析1996～2009年中国家电行业市场规模对企业创新的影响，实证分析发现家电市场规模的扩大显著促进了企业创新投入和创新产出的提高。

另外，归纳和总结需求侧因素与供给侧因素结合分析经济增长问题的相关研究如下。赵留彦（2008）对国内供给、国内吸收、外部冲击以及货币冲击效应进行结构向量自回归分析，发现国内吸收效应在短期呈现出正影响，但对中长期不存在影响，产出增长的主要效应并不是国内吸收冲击，而是主要取决于供给侧。张兵和刘丹（2012）基于因子分析和交叉谱对美国经济周期影响中的需求和供给因素进行比较分析，发现美国经济中主要存在长度为5～6年的周期波动，实证分析发现美国经济周期的波动主要受到供给因素的引领和影响。黄凯南（2015）基于演化增长的视角对供给侧和需求侧的演化进行深入分析，研究发现供给与需求因素在经济变化过程中存在着相互影响的作用，其中制度系统也在经济发展过程中扮演重要角色，因此，供给、需求与制度的结构协同和匹配程度成为经济增长更深层次的动力。任保平（2016）探究供给侧结构性改革与需求管理相结合的经济增长路径，认为在新常态的经济增长中，应将短期经济发展目标与中长期要求相结合，实现从数量型经济增长向质量型经济增长转变，把长期增长与短期增长相结合，进一步将供给改革与需求管理所对应的政策结合分析，建立协调、恰当以及可持续的宏观调控体系。石华军和楚尔鸣（2016）探究中国经济增长如何实现需求和供给双侧发力，研究发现通过需求侧管理稳定经济增长，依靠供给侧的深化改革既兼顾了短期与长期发展，又进一步释放制度红利。鼓励创业与创新，建设创新型国家，将是中国经济从超常规增长向正常增长收敛的路径。纪明和许春慧（2017）基于供需转换与经济持续均衡增长的视角探究中国供需结构性改革方案，研究发现当经济发展由工业化初期阶段进入工业化中期阶段，限制经济持续均衡增长的主要因素由供给总量转换为需求总量，当经济发展进入到工业化中期阶段并向工业化后期及后工业化阶段演进的过程中，限制经济持续均衡增长的决定性因素将由供需总量逐渐转换为供需结构。欧阳志刚和彭方平（2018）研究发现供给侧和需求侧的驱动力不仅各自推动经济增长且存在相互作用，两者共同推动经济增长的长期趋势和短期周期。周密等（2021）探究如何扩大内需并与供给侧结构性改革相结合研究其内在逻辑框架和实现路径，研究发现在将扩大内需战略与供给侧结构性改革结合发展的过程中存在四元困境，即内需挤占、内需抑制、内需外流及内需分割等结构性问题，进一步引致供需主体、对象、质量和空间等错配，在供需适配体系的逻辑框架下需要对创新结构、投入结构、产业结构和空间结构及时调整。黄群慧和陈创练（2021）探究新发展格局下需求侧管理与供给侧结构性改革的动态协同发展，研究发现应紧扣供给侧结构性改革，保持"动态协同"，兼顾全周期目标，同时从生产、分配、流通和消费四大环节来看，需求侧管理的堵点和短板集中在后两个环节，政策制定者应从八个方面着手，重点打通、补齐流通和消费环节中存在的堵点和短板，以此实现双循环新发展格局的目标。

三、需求有限性影响经济增长的相关研究

从 Maslow（1943）"需求层次理论"出发，可以很好地解释需求行为的演变过程。"需求层次理论"从哲学和伦理的视角将需求层次分为五个等级，该理论非常容易理解，也更接近于人类社会生活中的事实。总结其理论得出几点重要结论：无论是从主观还是客观的角度出发，人们都存在着需求，当低层次的需求满足后，人们的较高一层次需求才会产生，人们的需求按顺序和层次逐渐递进。首先，最为紧迫的生存需求必须得到满足。一旦这一基础性层次的需求满足之后，就不再有激励与促进作用，只有在此之上的需求才具有激励与促进作用。这一理论可以很好地揭示人们的需求是存在等级层次的，其效用水平将随外界所达到条件的改变而改变，其缺点也非常显著，即不能进行具体的量化。

首先，经济学者关注耐用消费品的需求增长趋势的预估和测算，如 Bass（1969）关注创新出的新耐用消费品的增长趋势，构建新产品初始购买时间的增长模型，并根据 11 种耐用消费品的数据进行了实证检验，模型可以很好地预测销售峰值和峰值时间，并对彩色电视机的销售进行了长期预测。国内学者也尝试对耐用品的需求进行预测，毛立本等（1981）早期对我国几种耐用消费

品需求函数和需求预测研究，分别推算出手表、收音机、自行车和缝纫机的需求函数。荣昭等（2002）对中国农村耐用品需求展开研究，重点讨论了影响农村居民家庭家电购买因素中与基础设施相关的影响。古继宝等（2010）基于Gompertz（冈珀茨）模型对中国民用汽车保有量进行预测，此模型也常被用作对某种耐用品需求饱点的估计和预测。

其次，有较多研究意图分析和证实需求饱和这一趋势存在且服从 Logistic 函数的增长趋势。Rostow（1978）通过分析美国居民家庭对冰箱、电视机和汽车等耐用消费品的数据，发现需求增长时间路径显示：一种新产品或一个产业的生产增长必然会放缓，因为需求在早期呈指数型增速，但因为需求饱和规律存在，后期居民家庭对各类耐用品的需求增速必然会放缓。经济增长之减速的主要原因是需求饱和，而不是生产要素、研发技术和人力资本等方面的增速下降进而导致投入收益率递减。经济学者 Kojima（2000）和 Hiroki（2016）在对日本产业发展和耐用品需求扩散的研究中也发现和证实了需求饱和的事实规律。侯博文（2021）通过收集中国城乡家庭耐用品拥有量数据，证实了农村和城镇对于耐用品的需求增长趋势均呈现出 Logistic 函数的增长趋势。

最后，经济学者将需求饱和这一假设引入经济模型中，探究当期经济环境下需求侧与经济增长的影响关系。Micaela（1998）在 Pasinetti（1993）提出的两部门纯劳动模型基础上探究需求饱和下的不平衡增长情形，通过引入需求饱和的假设，推导出就业增长在长期内趋于放缓，并且在某些条件下可能出现一段时间的负增长，该结论符合许多国家面临的实际情况。日本经济学者 Aoki 和 Yoshikawa（2002）通过将需求饱和、创新产品和经济增长建立联系并进行研究，发现家庭或个人对产品的需求饱和是抑制增长的重要因素，而引进新产品、新产业能够创造需求的高速增长，最终促进经济的持续增长。Saviotti 和 Pyka（2004）研究了在需求饱和的情况下通过创造新产业来实现经济发展的过程，并推导出了每个产业内企业数量和每种产品需求的动态关系。Kurose（2009）研究了需求饱和速度与劳动力市场活力之间的关系，其结果表明，对随机出现的产品需求的迅速增长会加速就业增加，但会降低实际工资率的增长，并证实需求饱和的速度对于宏观经济发展有重要影响。Bifet（2010）研究了中国制造业中不同耐用品产业的市场规模对创新活动的影响，并使用一种潜在市场规模测度，这种测度仅由中国收入分配的变化驱动，而收入分配的变化是耐用品价格和质量变化的外生因素，以衡量未来实际市场规模。Saviotti 和 Pyka（2013）分析了创新与需求的共同演进，认为创新不会对经济发展产生任何影响，除非针对产品和服务的类型创造了需求和市场。Saviotti 和 Pyka（2017）通过 TEVECON（technological evolution and economic consequences，技术进化与经济后果）模型研究了消费活动的演变，分析了需求和创新相互作用的机制，尤其是需求饱和在诱导新产品和服务出现中的作用。

Cebiroğlu 和 Unger（2017）探究了消费者饱和背景下的经济增长，研究发现以消费者为基础的经济体往往会在初始和长期增长期后出现需求饱和，然而结构性需求饱和不可避免地引发了明斯基式的超级周期，其特点是高负债、高收入不平等、停滞和金融不稳定，因此通过负利率政策控制债务通缩可以有效应对经济衰退和解决债务危机。

四、有限需求理论的提出与进展

现实生活中，人们每天摄入的能量是有限的，如女性每天摄入的能量为1800～1900 卡路里，男性每天摄入的能量为 1980～2340 卡路里，摄入过多产生肥胖，使其效用不增反减。每一个家庭所需要的日常用品是有限的，如牙膏、洗面奶、润肤露等非耐用品。每个家庭在各收入水平阶段对汽车、手机、彩电、电冰箱、洗衣机、空调等耐用品的需求量均是有限的。

周炎等（2020）在需求有限性的现实环境下探究经济增长问题的机制和内在逻辑，探究了金融与增长之间产生内在"螺旋式"关联机制的成因、影响及解决方案，依据全球经济发展局势提出最优化的方案和措施。侯博文（2021）通过分析马尔萨斯农业经济时代至后工业革命时代需求的演变，发现不同时期支撑经济增长的需求因素不同。初期的高速增长在带动全面收入水平大幅度提升的同时，也形成巨大的财富积累和收入差距，从经济模型中得出财富收入差距对总体有效需求持续增长形成限制性约束，横向创新产品将刺激需求引致经济增长。陈昆亭和周炎（2021）基于产品需求有限性假设指出有财富约束和无财富约束两种家庭，有财富约束家庭仅停留在对食物和初级便利品的需求，而无约束财富家庭对食物和初级便利品早已饱和，对中高端产品存在需求但整体占比少且易于饱和，从而总需求受到制约不利于经济长期可持续增长。陈昆亭和侯博文（2022a）在 Aoki和 Yoshikawa（2002）的模型基础上进行改进和创新，分析了需求有限性与经济增长的关联机制效应，并利用我国三大产业对 GDP 增长的拉动数据发现，1985 年之前我国城乡居民所面临的主要需求是对温饱的基本需求，随着工业化发展和整体收入水平的提高，城镇居民对粮食的需求达到稳定的饱和状态；1985～2019 年第一产业增加值对 GDP 增长的拉动由 1 向 0 个百分点逐渐靠近，第一产业在 1985 年后对 GDP 增长不再有显著的拉动作用；改革开放以后，经济迅速发展使整体居民收入水平得到改善，为满足居民便利生活水平的需求，家用电器行业兴起，城乡居民对家用电器和乘用车的需求不断扩大，轻工业和重工业得到了强劲蓬勃发展；1982～2013 年第二产业成为拉动 GDP 增长的主要动力；2013 年以后第三产业逐渐成为拉动 GDP 增长的主要部分；至 2019 年第三产业拉动 GDP 增长率近 4 个百分点成为经济增长的新支柱，我国居民家庭以第一、二产业为主，粮食和耐用品的需求存在有限性，且已经进入需求饱和期，对经济增长的拉动作用停滞或者下降。

陈昆亭和侯博文（2022b）从收入不平等的角度探寻需求不足的成因和内在影响机制，研究发现总体有效需求水平在收入不平等对经济增长的影响中起到中介效应的作用，基于 2000~2019 年 30 个国家面板数据，模拟出家庭收入结构性参数并设定为核心解释变量，对家庭收入结构性参数、总体有效需求水平与人均 GDP 增长率的影响关系进行了分析，实证结果表明，家庭收入结构性参数的增大将引致总体有效需求水平的下降进而限制经济可持续发展，家庭收入结构性参数与人均 GDP 增长率呈现出显著的负向关系。

第二节 产业周期的研究脉络

一、产品和产业生命周期的研究

产品生命周期理论最早追溯至 Vernon（1966）的研究。通过探究产品在国内外市场上的变化 Vernon 发现工业产品在供需数量上、生产规模上以及产出利润上存在着一个明显的生命周期，产品生命周期阶段依次经历进入期、增长期、成熟期和衰退期。Vernon（1966）产品生命周期理论建立在创新国和模仿国存在技术差距的基础上，为之后产业生命周期理论发展奠定了重要基础。

继 Vernon（1966）的研究之后，Utterback 和 Abernathy（1975）提出 A-U 模型，该模型在产品生命周期理论基础上分析创新行为的影响，并认为产品生命周期将依次经历流动、过渡和稳定阶段，产品在不同阶段的创新程度不同。然后，Gort 和 Klepper（1982）通过时间序列数据实证分析，其中的样本数据包括横向 46 种产品和纵向 73 年，依据产品在市场上进入和淘汰的比率认为产品生命周期依次经历进入、增长、成熟、衰减和恢复期，基于此提出了 G-K 模型。Klepper 和 Graddy（1990）在 G-K 模型的研究基础上，将外生技术改进为内生技术并加大数据样本量，通过统计市场上产业数量的变化认为产业生命周期依次经历成长、淘汰和稳定三个阶段。G-K 模型与 A-U 模型不同之处在于增加了衰退期和恢复期的分析。Agarwal 和 Gort（1996）在此前的研究基础上延长纵向时间序列但将横向样本数据缩减至 25 个产品进行分析，与 G-K 模型的区别在于增加了企业"淘汰率"和"危险率"，依据此指标认为产品生命依次经历了引入、增长、成熟、淘汰、危险 5 个阶段。

在 Vernon（1966）之前的更早时期，Akamatsu（1935）曾提出雁阵模型描述日本纺织业的发展，如今经济学界均用雁阵模型来表述和形容一个产业出现、增长、成熟再到衰退的整个过程。Kojima（2000）在 Akamatsu（1935）雁阵模型的基础上进一步研究，认为先发国家中的产业发展处于不利局势时，应先在国内进行区域转移，最后进行国外贸易化转移，这一研究形成了边际产业扩张理论。关于实证方面的研究，Dinlersoz 和 Macdonald（2009）通过测度产业数量占比变化划分产业的生命周期阶段，认为一个产业将经历起始增长阶段、震荡波动阶段以及稳定成熟阶段，研究方法与 Gort 和 Klepper（1982）模型异曲同工。Neffke 等（2011）则是依据测度某一个产业中新增的市场份额来划分产业的生命周期，并且认为可分为新兴型、中等型以及成熟型产业。Tavassoli（2015）将产业生命周期与企业创新结合，对处于产业不同阶段的企业受到的创新因素的影响进行了实证研究，通过测度某一产业内企业数量的变化认为产业生命周期逐渐经历初始成长期、稳定成熟期以及停滞衰退期。

以上研究均是将产业发展作为生命周期进行研究，通过企业数量、产品价格以及市场份额等指标分为 3～5 个不同发展阶段的实证观察，得出相应的产业周期结论。此类研究存在着较为明显的瑕疵，一方面是遵从约定俗成的多个单一经济变量的发展周期联动影响经济增长的思路，较为笼统地描述整体经济的增长与波动，也并未给出各产业周期的轮动与交叠形成总体经济增长的作用机制；另一方面是仅注重从供给侧各因素的变动来分析产业周期，缺少产业周期形成的微观机制，同时也没有与需求侧因素密切关联，几乎完全忽略了市场需求有限性的重大影响。

二、产业结构变迁的研究

早期经济学者就已经关注产业结构变迁对经济增长的重大影响。关于三次产业的划分和经济结构的变化研究如下。Fisher（1939）和 Clark（1951）等提出了三次产业如何划分，初步分析了三次产业在经济发展过程中的变化以及内在作用机理。Wolfe（1955）根据推动产业增长的主导要素来划分三次产业，并认为这些主导要素增长速度的不同是产业结构变化的主要原因。

在以上的研究基础上，经济学者将理论和实证结合起来，更深层次地研究三次产业在经济发展过程中的多方面驱动因素与内在作用机制。关于实证分析经济活动中的产业结构变化最早可追溯至 Kuznets（1971）的研究。Kuznets（1971）发现在三次产业变化过程中的居民消费水平、产出增长水平、就业份额会持续转移，并认为引致产业之间和产业内部变化的主要原因是需求变化、对外贸易和技术进步等因素。Herrendorf 等（2013）通过收集不同国家的时间序列和面板数据分析，发现经济增长能够促使整体收入水平的提升，并且决定三次产业增长的主要变量在发展过程中的占比变化不同，第一产业的主要变量占比逐渐下降，第二产业的主要变量占比则呈现先上升后下降的驼峰形变化，而第三产业的主要变量占比则是持续不断上升。Boppart（2014）从技术进步速度和产品价格的视角探究经济增长过程中的规律，研究发现产业技术进步的速度与产品价格水平的变化呈现负向关系，如工业技术进步较快但其产品价格相对下降，服务业技术进步较慢但其产品价格相对上升。Herrendorf 等（2014）和 Neuss（2019）则有更深层次的发现，各产业内部的结构同时存在变化，如制造业在工业部门中的份额上升最快，教育、科研及政府部门在服务业中的相对份额上升较快。

早期基于供给侧因素的角度探究产业结构变化的研究，最早可追溯至 Lewis（1954）对农业型经济如何转向工业型经济的研究，其中利用简单的经济模型来解释转型的内在原因。以上研究均依赖于资本积累来驱动产业结构转向从而进一步影响经济增长，但 Jorgenson（1967）从技术进步视角来解释经济从农业向工业的转型，从农业技术进步切入解释了经济结构转型。Baumol（1967）则基于技术进步率不同的视角，利用理论模型解释了工业为什么会向服务业转型，之后的学者称其为"鲍莫尔成本病"和"鲍莫尔效应"。但 Gabardo 等（2017）从理性经济人和效用需求的视角分析了产业结构转型问题，认为前期的研究中利用两种模型来解释经济发展过程中的结构变化是存在缺陷的。

基于需求侧因素的角度探究产业结构变化的研究如下。Matsuyama（1992）基于非位似型偏好下的视角与干中学相结合建立理论模型，研究发现农业产出增长率的逐渐提高将促使劳动力由农业部门转移至工业部门，在此过程中出现的干中学效应进一步激励经济增长。Park（1998）在 Stone-Geary 型非位似偏好基础上，引入人力资本要素建立了具有内生性的理论模型，以此解释农业部门向工业部门的转型过程。Laitner（2000）基于非位似偏好视角假设下探究农业部门向工业部门的经济转型，与之前不同的是他进一步分析了在此过程中结构性变化对储蓄率的影响效应。Gollin 等（2002）、Gollin 和 Zimmermann（2007）基于 Stone-Geary 型偏好视角下构建结构转型理论模型，较全面地分析了在工业发展过程中各经济体进入高增长时间和经济增长率的不同。

尽管上述研究考虑了从异质性偏好的角度分析产业结构变动对经济增长的影响，但并未明确考虑到需求有限性特征在产业结构变迁与经济增长之间的重大影响，也并未更深层次地提出这些变量之间的逻辑关系，且产业周期的轮动与交叠发展进一步决定了产业结构变迁过程，并最终影响经济增长。

三、新结构经济学的研究

在劳动供给、先进技术、R&D（research and development，研究与发展）以

及人力资本等要素充足的条件下，需求侧因素将决定产业的健康发展，成为决定经济增长的主要方面。

国内经济学者将各产业的发展周期与经济增长相结合深入研究，林毅夫（2011）创新性地提出新结构经济学理论，其主要观点是经济发展过程中的结构变化内生取决于要素禀赋结构。沿着林毅夫（2011）的思路，Ju 等（2015）通过开发具有无限产业的可控增长模型，提出了一种由禀赋驱动的结构变化理论。每个产业都有一个驼峰形的生命周期：随着资本达到一定的阈值水平，一个新的产业出现，先兴后衰，然后逐渐被资本密集型产业逐渐取代。林毅夫（2017）阐释了新结构经济学的理论基础和发展方向，指出要素禀赋结构是研究当前经济问题的重要导火线，在结构不断变化的过程中协调好"有效的市场"与"有为的政府"的关系。王勇和沈仲凯（2018）建立一个具有两个大国的新结构经济学理论模型，探究国际贸易与动态贸易政策将如何影响产业的动态生命周期和宏观经济增长，理论模型中发现产业升级和宏观经济增长是内生性地同步进行的。王勇和汤学敏（2021）基于新结构经济视角下对产业结构与结构转型进行定量的事实和理论分析，发现要素禀赋结构的逐渐优化将促使产业结构升级，进一步得出要素禀赋结构内生决定了产业结构的最优化。当然，新结构经济学也将面临质疑和挑战。余斌（2021）认为新结构经济学所主张的比较优势选择不仅无法消除贫困，还会扩大发展中国家与发达国家收入的差距。

新结构经济学作为新兴发展经济学理论需要不断去发展、证实和完善。总之，以林毅夫为代表的新结构经济学派观点仍是从传统宏观增长理论所强调的供给侧角度出发，强调要素禀赋结构和比较优势解释产业结构的发展，从而说明发达经济体与发展中经济体如何产生差距。结构经济学的文献研究均是遵从各产业周期的发展由劳动和资本等禀赋要素结构决定，各产业周期的不断轮动发展引致了经济结构变化的逻辑思路。此类研究存在以下不足之处：一方面仅注重供给侧禀赋结构等因素的影响而未考虑需求侧因素，即忽略了需求有限性特征对经济结构变化的重大影响；另一方面，没有进一步深入探究产业周期形成的微观机制。本书则创新性地厘清产业周期由需求有限性特征决定的内生作用机制与影响效应。

第三节　需求有限性的事实规律

一、从需求侧证实需求有限性的事实规律

人的需求是存在层次的，著名的 Maslow（1943）需求层次理论从心理激励

理论的视角提出了人类存在五个层次的需求。与马斯洛的需求层次理论不同，本书通过结合现实社会经济环境下对居民家庭的需求进行分层。第一，人们对产品的需求分类是不同的。产品可简单分为：基础型需求类、便利型需求类和高端奢侈型需求类。基础型需求类专指生存性需求类，这类需求有"刚性"和"有限性"特征，同时产品有"易腐性"，因而这类产业（如农产品）需要稳定的流量供给的保证。便利型需求类（如家电），有"耐用性""有限性""相对弱刚性"，因而这类产业"易饱和"，但需求有一定供给流量保有。高端奢侈型需求类别复杂，共性特征是"非有限性""非刚性"等特征。这类需求有极大的财富约束性，在高品质高质量生活时代，随着共同富裕原则的推动，将逐渐成为拉动经济增长的重要源泉。第二，需求受财富约束。社会家庭的财富结构（收入差距悬殊程度）严重影响有效需求；总之，受需求规律的支配，需求有独立的内生型规律：需求有层级，传统基础消费是第一需求，其余次之；收入水平决定需求层级最大高度。在现实经济中的财富分布规律下，需求的层次随收入水平的提高递增。

据统计，男性和女性一天所需要摄入的热量分别为 1980～2340 卡路里和1800～1900 卡路里，若摄入热量不足则会导致身体的营养不良、身体消瘦甚至引发疾病，若摄入过多的热量会造成身体的肥胖、三高等疾病风险。当人们满足温饱以后对食物不再产生多余的消费需求，即使增加此类产品的消费需求也不会增加任何效用，因此，人们对于满足基本生存类、衣食类产品的需求是有限的。社会中的居民家庭为满足生活便利会对彩电、冰箱、洗衣机、汽车等工业产品存在需求，但这一类产品是为满足居民家庭的生活便利而产生的需求，通常情况下一个家庭仅需要单一的数量就可以满足，部分高收入家庭对此类产品的需求可能会大于 1，因此，人们对于满足生活便利的工业产品的需求也是有限的，通常居民家庭仅承担和消费其折旧的成本。当上述两种需求均满足后，人们会对奢侈品、服务享受类产品产生需求，现阶段经济环境下的这一类需求大多数仅存在于较高收入群体中，其总需求量较小且易于饱和。本书试图通过可获取的工业产品数据证实需求有限性的规律事实，具体分析如下。

在此通过收集和分析中国城乡每百户家庭耐用品拥有量数据，证实中国居民家庭对各类产品的需求增长均服从 Logistic 函数变化趋势，得出需求有限性规律事实存在的结论。本章节所利用的数据来源包括《中国统计年鉴》、《中国工业统计年鉴》、《中国住户调查年鉴》和 Wind 数据库。为探究中国城乡居民家庭对各类产品的需求增长趋势是否存在 Logistic 函数形式的需求饱和路径，本书采用中国居民家庭对各类产品拥有量的数据统计指标，这一指标与国家统计局标准一致，即平均每百户城乡居民家庭拥有某一种产品的数量。如图 1.1 所示，在 2007 年每百户城镇居民家庭对彩电的拥有量达到 137.8 台，其需求已经达到饱和，彩电的需求增长趋势波长为 27 年。2020 年中国平均每百户城镇居民家庭对电冰箱和洗衣机拥有量均达到 100 台左右,其需求已经达到饱和,两者的需求增长趋势波长均为 39 年。2006 年每百户城镇居民家庭对照相机拥有量为 48 台,其需求已经达到饱和,照相机的需求增长趋势波长为 25 年,照相机并没有达到较高的拥有量就已饱和,原因在于多功能智能手机、平板电脑的出现替代了仅能够照相的照相机。中国城镇居民对于汽车拥有量不高,至 2018 年每百户城镇居民家庭对汽车的拥有量达到 41.01 辆,自 2011 年以后需求增长趋势是下降的且需求接近于饱和,原因在于汽车的需求收入门槛较高,居民家庭受到收入水平的约束引致被动的需求饱和。

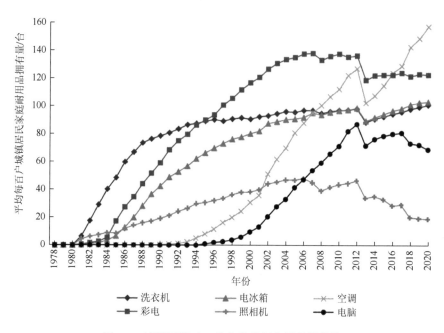

图 1.1　城镇居民对 6 种产品的拥有量增长趋势

收入水平的差异是城镇与农村居民家庭产品拥有量不同的重要因素之一。查道中和吉文惠(2011)对比城乡耐用品拥有量数据发现,收入水平的不断增长能够促进消费结构的升级,但对农村的促进作用滞后于城镇。如图 1.2 所示,在 2020 年中国农村居民家庭对彩电的需求接近饱和状态,平均每百户居民家庭对彩电的拥有量达到 120 台。2020 年农村居民家庭对电冰箱和洗衣机的拥有量分别达到 105 和 95 台,两者均接近于需求饱和状态。在 1985 年彩电开始进入农村居民家庭,拥有量从 1985 年的 0.8 台增加至 2017 年的 120 台后达到饱和状态,农村居民家庭对彩电的需求增长趋势波长大约为 32 年,较城镇居民彩电的需求增长趋势波长要长 5 年。农村居民家庭对于空调和电脑的需求处于未饱和状态，市场需求潜力较大。中国农村居民家庭对空调和电脑的拥有量未达到饱和，其主要原因是收入水平的制约和产品自身的属性。值得注意的是黑白电视机的需求增长趋势不同于其他产品，从 1980～2012 年呈现出近似完整的倒"U"形需求增长趋势。电视机产业内的纵向技术进步如尺寸变大、色彩升级等，促使需求市场中彩色电视机对黑白电视机的大量替代，未来类似的替代产业可能是新能源汽车对燃油汽车的替代。

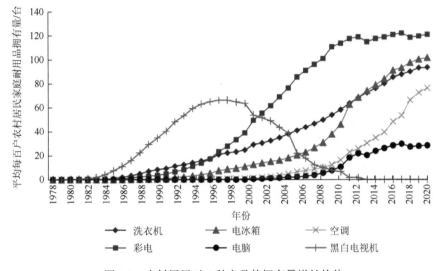

图 1.2　农村居民对 6 种产品的拥有量增长趋势

综上分析，无论是中国农村还是城镇居民家庭对各产品的需求增长趋势均呈现出 Logistic 函数增长的饱和趋势，需求饱和均存在于中国农村和城镇居民家庭中。

二、从供给侧证实需求有限性的事实规律

在产品市场上观察到的柯达相机公司的倒闭、长虹电器公司的亏损和摩托罗拉手机的销声匿迹等现象，无疑是"创新性破坏"和需求饱和的共同结果。不可忽略的一点是，无论哪种产品的品质有多好、功能多齐全，消费者对它的需求总是有限的，最终都会趋于需求饱和状态。经济增长是供给侧与需求侧共同作用的结果，若仅存在单一侧的增长将引致资本和劳动的耗损，并不能起到推动经济增长的作用。以下仅分析中国电冰箱、彩电和洗衣机三种代表性产业的产出增长周

期与波动，数据处理方法运用滤波法（Hodrick and Prescott，1997），描述各典型耐用品产出增长周期与波动的趋势。

（一）电冰箱产出增长周期波动

结合图 1.3 分析发现电冰箱产出增长率逐渐靠近 0 值，总体波动呈下降趋势。1979～2019 年，电冰箱的产出增长率总体表现为逐年下降。1983～1997 年电冰箱产出增长周期波动呈逐渐下降趋势，1997～2005 年微缓上升后继续下降至 2019 年。中国居民家庭对电冰箱产出增长周期逐渐变短、稳定以及其增长率逐渐靠近 0 的趋势，电冰箱需求达到饱和。上述分析表明，城乡居民对电冰箱需求达到饱和后，依赖于电冰箱的创新升级和新旧更替来维持消费需求不足以补偿需求饱和引致的需求增长率下降。

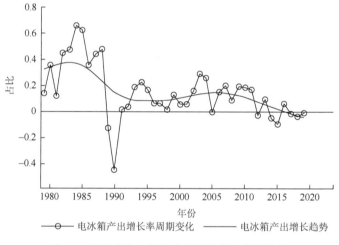

图 1.3　电冰箱产出增长率周期变化与增长趋势

（二）彩电产出增长周期波动

从图 1.4 彩电的产出增长率周期变化与趋势看出，1979～2019 年彩电的产出增长率呈现出下降趋势。1979～1990 年彩电产出增长率递减至 0 值附近，其中，1986 年和 1989 年其增长率下降为负值。1991～2005 年彩电产出周期波动呈现出微缓的上升趋势，2005～2019 年周期波动呈现出下降趋势。彩电产出增长周期趋势的微弱上升对应大量黑白电视机被彩电取代的过程。产品的升级更新可以小幅度地刺激需求消费，但居民对于纵向技术进步的产品趋于饱和的速度依然较快。

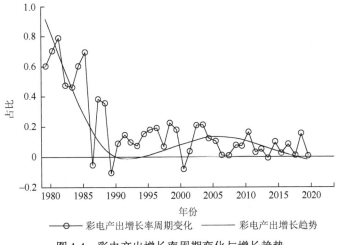

图 1.4　彩电产出增长率周期变化与增长趋势

（三）洗衣机产出增长周期波动

从图 1.5 看出洗衣机与彩电的增长周期趋势相似，均表现出先下降然后微缓上升，最后又下降的趋势。1979～2020 年洗衣机的产出增长率呈现出下降趋势，1979～1990 年增长率递减至 0 值附近，其中，1989 年、1990 年、1995 年 1998 年、2001 年的增长率下降为负值。1993～2005 年周期波动呈现出微缓的上升趋势，2005～2019 年周期波动呈现出下降趋势。2011 年以后洗衣机产出增长率将沿着横轴 0 值微弱波动，2015 年后家用洗衣机的产出增长周期的波动趋势下降到横轴以下。

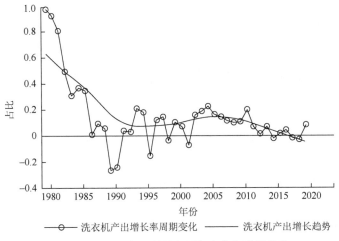

图 1.5　洗衣机产出增长率周期变化与增长趋势

（四）乘用车产出增长周期波动

从图 1.6 看出乘用车与洗衣机、彩电、电冰箱的增长周期趋势不同，表现出先上升然后直接持续下降的趋势。1979~2008 年周期波动呈现出微缓的上升趋势，2009~2019 年周期波动呈现出较快速的下降趋势，2014 年后乘用车的产出增长周期的波动趋势下降到横轴以下。

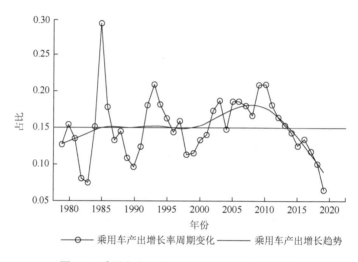

图 1.6　乘用车产出增长率周期变化与增长趋势

综上分析，当洗衣机、电冰箱、彩电和乘用车等产品的产出增长周期逐渐变短、稳定以及其增长率逐渐靠近于 0 甚至持续下降为负值时则需求达到饱和。

三、中国、日本和美国的需求有限性事实比较分析

本节通过收集日本和美国居民家庭对耐用品的拥有量数据，发现日本和美国居民家庭同样对耐用品的需求存在需求饱和，并且呈现出 Logistic 函数增长趋势。由此可以推论出不同收入水平的居民家庭，在不同阶段对家用耐用品、生活消费品以及奢侈品均存在着需求饱和。本节对比分析了中国、日本和美国的需求饱和事实情形。

（一）日本需求有限性的事实

本书通过收集日本内阁府消费信心调查数据，并对日本居民家庭耐用品拥有情况分析，发现日本居民家庭对于各类耐用品的需求存在着饱和的事实，如图 1.7 所示。起初，日本电视机、电冰箱、吸尘器和洗衣机四类耐用品的市场需求量很大，并呈现出指数增长的趋势。随后，日本居民家庭对耐用品的需求在 1974 年达到饱和状态。在日本居民家庭中电视机、电冰箱、吸尘器和洗衣机的需求增长周期分别为 11 年、20 年、17 年和 20 年。随后出现的汽车、电脑、空调和微波炉也具有类似的上涨幅度和趋势，大约至 2005 年趋近于饱和状态。汽车、电脑、空调和微波炉的需求增长周期波长分别为 40 年、26 年、40 年和 30 年。综上，日本居民家庭耐用品拥有量的需求增长趋势呈现出 Logistic 函数形式，存在需求饱和的事实。

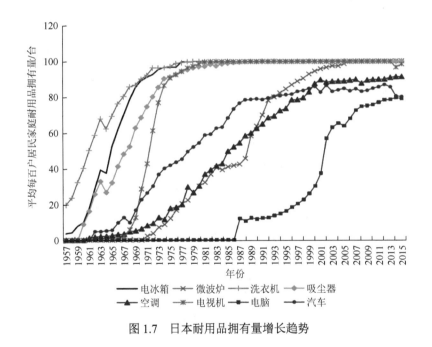

图 1.7　日本耐用品拥有量增长趋势

（二）美国需求有限性的事实

本书通过收集美国居民家庭对各类耐用品的拥有量数据，发现美国居民家庭对各类耐用品拥有量的需求增长趋势也呈现出 Logistic 函数形式，如图 1.8 所示。1925 年，电冰箱开始进入美国居民家庭，直至 1960 年达到需求饱和状态，其需求增长周期波长为 35 年。彩电从 1960 年进入美国居民家庭，至 1990 年达到饱和，其需求增长周期波长为 30 年。1972 年，微波炉进入美国居民家庭，至 1992 年达到需求饱和，其需求增长周期波长为 20 年。其他典型耐用品也经历着类似的增长趋势。美国一直保持着世界第一科技强国的称号，大部分典型耐用品最早出现于美国，据统计分析，部分耐用品需求增长周期波长与中国相似，如电冰箱、彩电和微波炉。然而，汽车、空调和手机等耐用品需求扩散的时间较长，原因是高价格耐用品在早期出现于市场时，居民家庭无法承担其消费支出，但随着居民收入水平的不断提高，需求逐渐扩散至饱和状态。美国经济发展要早于日本和中国，同样的 Logistic 函数趋势先后在美国和日本呈现出来，然而中国也不例外。

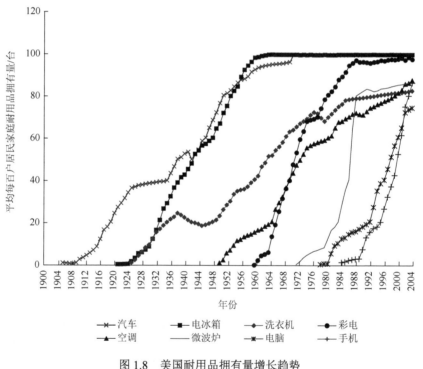

图 1.8　美国耐用品拥有量增长趋势

（三）中、美、日三国的需求有限性的事实对比分析

通过对比图 1.1、图 1.2 和图 1.7、图 1.8 发现，美国对各类产品的需求饱和早于日本，日本早于中国，而中国城镇又早于农村。图 1.1 和图 1.2 说明在中国城乡收入水平的差异影响着居民家庭对各类产品的需求饱和时间，也决定了各产品何

时被消费者需求及达到需求饱和的速度。图1.7和图1.8说明，居民家庭的需求饱和时间取决于产品投入市场的时间，而更深层次的理解，取决于一国技术先进水平。无论是在中国城乡还是在日本和美国，居民家庭对各类产品的需求均存在需求饱和。

第四节 需求约束下的产出增长规律分析

一、中国8种产品需求侧数据分析

本节通过收集中国农村和城镇居民家庭对8种产品的需求数据，将两类数据加总取平均后得到中国整体居民家庭对8种产品的需求增长趋势如图1.9所示。就整体来看，中国居民家庭对彩电的需求在2010年已经达到需求饱和，其需求量为每百户家庭拥有130台，其数量超过100台的原因在于部分居民家庭的卧室中也存在安装电视的需求。中国居民家庭对洗衣机和电冰箱的需求均在2020年已经达到饱和状态，其需求量均为每百户拥有100台左右，与现实中的需求水平相符。中国居民家庭对空调的需求在2018年已经达到需求饱和，其需求量为每百户110台左右，其数量超过100台的原因与彩电相同，部分居民家庭的卧室中安装空调增加了其需求数量。中国居民家庭对电脑的需求在2019年已经达到饱和，其数量为平均每百户家庭拥有60台，这种低于100台的需求饱和水平的产品并非每家每户都需要，由于产品的效用属性、人力资本水平差异、消费者工作性质等因素其需求量不足100台。

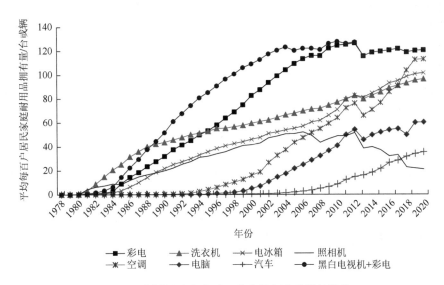

图1.9 中国居民家庭对8种产品拥有量增长趋势

中国居民家庭对汽车的需求在 2020 年已经达到饱和,其需求量为平均每百户家庭 40 台,在假定人们都可以买得起汽车的情况下,其需求饱和数量为 100 台,实际上达到 40 台就已经饱和,这是由于财富收入约束而形成的被动需求饱和,占大多数的低收入群体无法承担汽车的高额支出,进而导致其需求数量远不足 100 台。中国居民家庭对照相机的需求在 2006 年已经达到饱和水平,其需求数量为平均每户拥有 50 台,此类产品由于功能单一而被出现的多功能产品替代,如手机、iPad 等电子产品。最后,图 1.9 中显示中国居民家庭对于黑白电视机与彩电的总需求在 2012 年左右已经达到需求饱和水平,达到需求饱和时的数量为 130 台,其中包含了彩电替代黑白电视机的需求量的过程。

　　通过将图 1.1、图 1.2 和图 1.9 对比分析发现,无论是农村、城镇还是整体居民家庭对各产品的需求增长趋势均存在一个类似 Logistic 增长函数的需求饱和趋势。

二、中国 8 种产业供给侧数据分析

　　对中国 8 种产业产出量数据进行收集,在此利用 H-P 滤波法并选取系数 $\lambda = 100$ 进行处理,发现各产业的产出增长率均呈现出一个较完整的倒 "U" 形发展趋势,如图 1.10 所示。具体分析如下,中国彩电产业的产出增长率最高点出现在 1982 年,最低点出现在 2020 年,形成了一个与预期符合的倒 "U" 形发展趋势。中国洗衣机产业产出增长率最高点出现在 1981 年,最低点出现在 2020 年,在此过程中其产出增长率在 1992 年也下降至接近于 0 值,随后又出现增长并形成一个较小的倒 "U" 形发展趋势,其原因是洗衣机需求由城镇居民家庭不断扩散至农村居民家庭中。中国电冰箱产业的产出增长率最高点出现在 1984 年,最低点出现在 2020 年,在此过程中其产出增长率在 1994 年下降至 0.1 增速,随后出现增长并形成一个较微小的倒 "U" 形发展趋势,其原因与洗衣机相同,洗衣机需求由城镇居民家庭扩散至农村居民家庭中。空调产出增长率最高点出现在 1992 年,最低点出现在 2020 年,形成一个较完整的倒 "U" 形发展趋势,其过程中未出现多余的波动是因为伴随整体居民家庭收入水平的提高以及进入市场时间较晚。中国电脑产业的产出增长率最高点出现在 2000 年,最低点出现在 2018 年,形成一个较完整的倒 "U" 形发展趋势,其过程中未出现多余的波动原因是整体居民家庭收入水平的提高以及其进入市场时间较晚,另外,还包括居民家庭受约束于收入水平、人力资本差异和电脑自身效用属性等方面原因。中国汽车产业的产出增长率最高点出现在 2006 年,最低点出现在 2020 年,形成一个较完整的倒 "U" 形发展趋势,但其过程中的增长率一直处于较低水平,原因在于 2006 年之前的汽车成本较高,而大多数的居民家庭收入水平无法承担汽车的高额支出。中国照相机产业的产出

增长率最高点出现在 1994 年，最低点出现在 2020 年，形成一个较完整的倒"U"形发展趋势，其发展过程在 2007 年出现负增长率，随后增长率快速下降，其原因在于照相机被新生产品如手机和 iPad 电脑等多功能电子产品大量取代。中国黑白电视机和彩电加总的产出增长率最高点出现在 1978 年，最低点出现在 2020 年，形成一个较完整的倒"U"形发展趋势，这类产品的增长率最先达到最高点，而在 2005 年后也最先进入负增长率阶段，其原因在于黑白电视机一开始最先进入市场而后彩电完成对大量黑白电视机的替代，黑白电视机产量的减少降低了整体产出增长率水平。

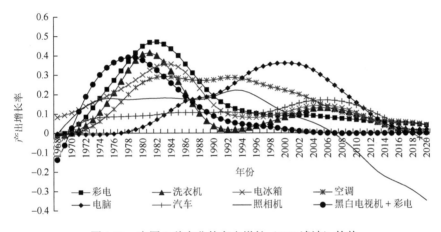

图 1.10 中国 8 种产业的产出增长（H-P 滤波）趋势

最后，通过收集中国 1966~2020 年 9 大类别产业数据，通过 H-P 滤波并选取统一系数 $\lambda = 100$ 处理，发现大类别产业的产出增长率也呈现倒"U"形发展趋势，如图 1.11 和图 1.12 所示。总结归纳发现，单一产业增长率发展趋势与大类产业产出增长趋势均呈现出倒"U"形趋势，进一步揭示了社会经济中的需求饱和发生在各行业中。

三、产出增长受约束于需求侧因素的规律分析

本节对于产出增长问题分析的思路逻辑是不同时期的需求水平决定了各产业发展在不同阶段的产出增长，各产业产出增长轮动与交叠形成总体经济增长与波动，这区别于传统产业生命周期理论的研究思路。接下来证实和解决的重要问题：在资本富足和技术成熟的条件下，各产业增长周期呈现出倒"U"形的根本原因如何解释、对不同产品是否具有普遍性、需求侧因素的约束是否作用于各产业增长路径，以及两者存在怎样的关联影响。

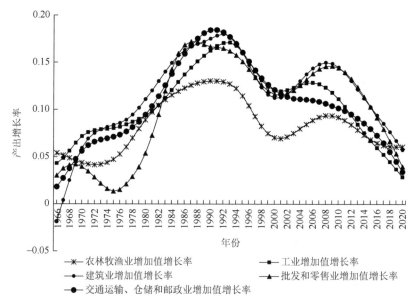

图 1.11 中国 5 大类产业产出增长趋势

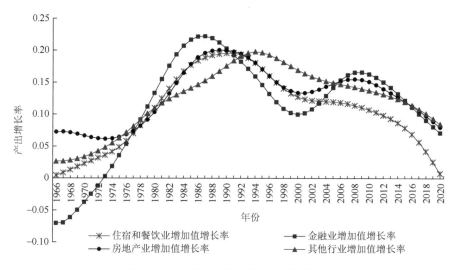

图 1.12 中国 4 大类产业产出增长趋势

首先,通过收集中国 1978~2020 年全国平均每百户家庭对 8 种产品拥有量数据得出需求增长趋势如图 1.9 所示,通过收集中国 1968~2020 年 8 种产业产出数据并进行 H-P 滤波处理后得出产出增长趋势如图 1.10 所示,其中,数据来源包括《中国统计年鉴》、《中国工业统计年鉴》以及《中国住户调查年鉴》。显然,中国各产业增长周期呈现出倒"U"形趋势，证实了经济体在资本富足和技术成熟的条件下，各产业增长周期呈现倒"U"形特征。其次，对选取的数据进行具体说明，中国产品拥有量数据之所以选取 1978～2020 年阶段在于，改革开放后大量产品才开始投入市场被居民家庭消费，1978 年之前的平均每百户家庭产品拥有量低至近似为 0。中国产品产出增长率的数据选取 1968～2020 年阶段的原因在于，1968 年之前虽然已经开始生产各类产品，但其产量较小，当产量在较小区间内波动时会产生较大的产出增长率变动，对于探究长期产出增长趋势几乎没有借鉴和参考意义。最后，将各产业产出增长的趋势变化与中国居民家庭产品拥有量结合分析需求侧因素的约束是否作用于各产业增长路径，以及两者存在怎样的关联影响。

图 1.9 显示出中国 1978～2020 年全国居民家庭平均每百户产品拥有量的增长趋势为 Logistic 函数形式，图 1.10 显示出 1968～2020 年中国各产业产出增长趋势为倒"U"形的变化特征。本书将图 1.9 和图 1.10 结合分析，若证实产业发展受约束于需求侧因素需要证实以下 2 个问题。

问题 1：居民家庭对各类产品的需求增速最大时，相对应的产品产出增长率是否至最高点。若以上两者关系准确对应或者在小范围年限内提前或滞后，问题 1 得到证实。

问题 2：居民家庭对各类产品的需求接近或达到饱和时，相对应的产品产出增长率是否下降至最低点。若以上两者关系准确对应或者在小范围年限内提前或滞后，问题 2 得到证实。

值得注意的是，需求增速最大值（或者需求基本饱和）与产出增长率最大值（或最小值）出现的时间可能会存在较短年份范围内提前或滞后，这是符合现实的。其中，非匀速收入水平的提高、阶段性的政策性购物补贴等因素均会引致需求增速最大值（或需求基本饱和）提前于产出增长率最大值（或产出增长率最小值）；产品投入市场时间滞后于产出供给时间、生产方若将较多产品储存在一段时期集中供应市场均会引致需求增速最大值（或需求基本饱和）滞后于产出增长率最大值（或产业增长率最小值）。另外，在此需要解释为什么是产业发展受约束于需求侧因素，而不是需求侧发展受约束于供给侧的产业发展因素，这里很容易反证需求侧发展受约束于供给侧的产业发展因素的假说是不成立的。一方面，各国家居民家庭对于各类产品的需求都出现需求饱和的规律事实，产业生产已饱和的产品将不再被居民家庭消费和接收，对于居民家庭来说同等效用的产品需求达到上限，对于产业来说继续生产将产生利润亏损；另一方面，在已经具备资本要素和技术成熟的时期，产业产出增长率若不受约束于需求侧因素，产出增长将会出现持续增长的指数型趋势，而不是倒"U"形的特征。因此，现实经济中的各产业发展受约束于需求侧因素，健康产业的发展遵从需求侧的因素是经济长期可持续增长的基础。

表 1.1 给出中国 8 种产品的需求增速最大值、产出增长率最大值、需求基本饱和、产出增长率最小值出现的年份，以及计算出需求增速最大值（或需求基本饱和）出现的年份，提前或滞后产出增长率最大值（或产出增长率最小值）出现的年份差值。对表 1.1 中各指标的计算进行具体说明，平均每百户家庭拥有量的增长率表示为需求增速，需求增速或产出增长率的计算均是利用（b–a）/b 公式计算得出。其中，b 表示一种产品现年平均每百户家庭对产品的拥有量或产出量；a 表示一种产品上一年平均每百户家庭对产品的拥有量或产出量。因此，可以利用以下两个标准判断需求基本饱和的发生时间：①当一种产品的平均每百户家庭拥有量开始递减时的年份；②当一种产品的平均每百户拥有量不存在明显增长并且该产品产出增长率趋近于 0 或者为负值时进行判定。

表 1.1　产出增长受约束于需求侧因素的规律事实分析

变量 产品	需求增速最大值出现的年份	产出增长率最大值出现的年份	需求基本饱和出现的年份	产出增长率最小值出现的年份	需求提前/滞后时间	饱和提前/滞后时间
彩电	1985	1982	2017	2020	−3	+ 3
洗衣机	1983	1981	2020	2020	−2	0
电冰箱	1985	1984	2020	2020	−1	0
空调	1991	1992	2020	2020	+ 1	0
电脑	2000	2000	2020	2018	0	−2
汽车	2005	2006	2020	2020	+ 1	0
照相机	1992	1994	2012	2013	+ 2	+ 1
黑白电视机＋彩电	1981	1978	2017	2020	−3	+ 3

注：+1 年表示需求最大值（基本饱和）出现时间比产出增长率最大值（或最小值）提前 1 年，−1 表示需求最大值（基本饱和）出现时间比产出增长率最大值（或最小值）滞后 1 年，上表中其他表达类似

中国居民家庭对于汽车的需求增速最大值出现于 2005 年，汽车产业的产出增长率最大值出现于 2006 年，需求最大值的出现比产出增长率最大值提前 1 年，类似的电冰箱、洗衣机、彩电、空调、电脑、照相机和黑白电视机＋彩电数据见表 1.1。在表 1.1 中，汽车和空调的需求增速最大值均比产出增长率最大值提前 1 年，照相机的需求增速最大值比产出增长率最大值提前 2 年，电冰箱、洗衣机、彩电和黑白电视机＋彩电的需求增速最大值分别比产出增长率最大值滞后 1 年、2 年、3 年、3 年，而电脑的需求增速最大值与产出增长率最大值出现于同一年。以上 8 种产品的需求增速最大值与产出增长率最大值出现的时间是准确对应或者在小范围年限内提前或滞后，因此，问题 1 得到证实。

中国居民家庭对表 1.1 中汽车、电冰箱、洗衣机、空调和电脑的需求基本饱和的时间均出现于 2020 年，对于黑白电视机＋彩电的需求饱和出现于 2017 年。其中，汽车、电冰箱、洗衣机和空调的需求基本饱和时间准确对应其产出增长率最小值出现的时间，均发生在 2020 年。然而，黑白电视机＋彩电的需求饱和时间比其产出增长率最小值提前 3 年，照相机的需求饱和时间比其产出增长率最小值提前 1 年，彩电的需求饱和时间比其产出增长率最小值提前 3 年，而电脑的需求饱和时间比其产出增长率最小值滞后 2 年。以上 8 种产品的需求基本饱和与产出增长率最小值出现的时间是准确对应或者在小范围年限内提前或滞后，因此，问题 2 得到证实。

综上分析，本书通过收集中国 1978～2020 年全国平均每百户家庭对 8 种产品拥有量数据得出需求增长数据和 1968～2020 年 8 种产业产出数据，发现需求侧因素决定着各产业产出的增长与下降，证实产业发展受约束于需求侧因素的结论。

第五节　本 章 小 结

在需求侧因素影响经济增长的相关研究中，大多数的国内外研究均沿着传统的"三驾马车"进行探究，其中主要通过居民消费需求、需求结构演进、供需双侧结合、技术创新等因素来揭示影响经济增长的路径。较少数的国内外研究注意到需求有限性特征对经济增长存在着重要影响，这方面的研究起初主要是以耐用品需求增长趋势为出发点，包括美国和日本在内的经济学者通过收集居民家庭对耐用品的需求增长数据，发现居民家庭对各类耐用品的需求增长路径存在类似于 Logistic 函数的趋势，即居民家庭对各类耐用品的需求存在饱和，这也是发生在各个国家的一个程式化事实。已有大多数的研究则忽略了需求侧因素及需求有限性特征对经济增长的影响作用。因此，本书将从需求有限性的视角较全面地解释全球各经济体出现的滞胀问题，具有重大现实意义。当前需求有限性的研究阶段处于萌芽时期，其关注度有待提高，需求有限性对经济增长存在着重大影响。

在传统宏观经济理论中，对产业发展的研究主要是以产业生命周期为起点。随后，以 Kuznets（1971）为代表的经济学者对产业结构变迁如何影响经济增长的问题进行深入探究。21 世纪后，经济学家林毅夫（2011）创新性地提出新结构经济学理论，其主要观点为经济发展过程中的结构变化内生取决于要素禀赋结构。王勇和汤学敏（2021）基于新结构经济视角下对产业结构与结构转型进行定量的事实和理论分析，研究发现要素禀赋结构的逐渐优化将促使产业结构升级，进一步得出要素禀赋结构内生决定了产业结构的最优化。Gabardo 等（2017）、Gollin 等（2002）、Gollin 和 Zimmermann（2007）分别从供给侧和需求侧两方出发，探究产业结构变迁如何影响经济增长，但大多数关于产业周期和产业结构的研究没有将需求有限性特征考虑进去分析经济增长问题。因此，当前阶段的研究并没有出现将产业周期和产业结构与需求有限性特征结合起来的文献，这将是本书的创新点和贡献之处。

本章第三节和第四节通过收集多方面的数据，发现无论是中国农村还是城镇居民家庭对各产品的需求增长均呈现出 Logistic 函数增长的饱和趋势，需求饱和均存在于中国农村和城镇居民家庭中。据中国数据分析，当洗衣机、电冰箱、彩电和乘用车等产品的产出增长周期逐渐变短、稳定以及其增长率逐渐靠近于 0 甚至持续下降为负值时则需求达到饱和。通过进一步收集日本和美国数据，发现无论是在中国城乡还是在日本和美国，居民家庭对各类产品的需求均存在需求饱和。与此同时，本书将需求侧和供给侧数据相结合验证了重要结论，即各产业周期倒"U"形的变化规律是由居民家庭对各类同等效用的产品逐渐达到饱和的时间路径决定的。

第二章　需求有限性、产业周期内生与可持续增长机制及效应研究

传统经济增长理论过度强调供给侧因素，对需求侧重视不足且对于需求侧的深入认识存在局限性。同时，本书也认识到需求侧的潜在微观假设方面的微小差别可能会造成很大的影响。从当前现实经济的发展来看，全球范围内的确存在很多重大问题。除了自然性灾难（如全球新冠疫情等）频发的直接冲击，还有政治事件的重大影响（如中美贸易摩擦等）。这些看似经济理论范畴之外的因素，却构成对经济现象的直接影响，或成为经济现象影响的结果，存在着难以准确界定因果的复杂关系。政治事件本身与经济发展就存在着紧密的联系，自然事件的频发反映出环境与经济之间的联系日益紧密。因而，这些事件背后更深层次的经济问题，特别是经济理论方面的问题，主要是传统理论认知的滞后或失误等，以及经济现象和经济问题背后的逻辑，这也都是极端紧迫的全局性问题。显然，其中重要的一点是传统宏观经济增长理论对需求侧认识的不足和设定的不合理。本章将通过构建需求增长约束机制、需求约束下的产出增长机制及经济增长模型，探究产业周期内生与需求侧因素的经济增长机制及效应。

第一节　经济模型

一、需求增长约束机制

在需求函数设定中，本书参考 Aoki 和 Yoshikawa（2007）的模型，假设每种产品都存在需求函数，并假定每种产品的需求函数增长路径如图 2.1 所示。为了描述需求饱和趋势，假设在 s 时期创造出新产品并开始投入市场，在 t 时期可计算该产品的需求饱和度情况，建立该产品的需求函数为 $d = (t, s)$。

给出如下方程：

$$d(t,s) = \frac{\mu d_0}{\delta d_0 + (\mu - \delta d_0)e^{-\mu(t-s)}} \tag{2.1}$$

在需求达到饱的情况下（$\delta / \mu = 1$），将式（2.1）右侧上下同时除以 δd_0，得到 Hiroki（2016）模型中的需求饱和函数如式（2.2）。

$$d(t,s) = d(t-s) = \frac{1}{1+(d_0^{-1}-1)\mathrm{e}^{-u(t-s)}} \qquad (2.2)$$

其中，d_0 表示创新出每种新产品时的初始需求水平；μ 表示每种新产品的扩散速度。需求的初始水平 d_0 和扩散速度 μ 会受到人口数量和产品折旧率或更新替换率的影响。

本书通过对模型深入对比分析，发现 Aoki 和 Yoshikawa（2007）模型的优点在于可计算各产品或加总后的需求增速和需求饱和度以及经济增速水平，而 Hiroki（2016）模型直接将各产品的终极需求饱和的情形设定在模型机制内。根据研究重点的不同，本书选择对 Aoki 和 Yoshikawa（2007）的模型进行改进创新并深入分析在需求有限性下的产业发展与经济可持续增长问题。在现实经济中，各产品的需求扩散过程均可以用式（2.1）给出的 Logistic 函数来定义，可以将这一现实规律看作一个程式化事实，其增长趋势如图 2.1 所示。

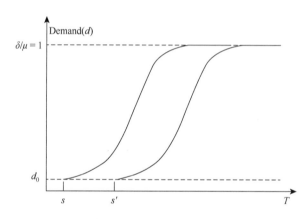

图 2.1 代表性产品需求扩散的时间路径

下面给出式（2.2）的微分方程：

$$\dot{d}(t-s) = \mu d(t-s)[1-d(t-s)], \quad t \geq s \qquad (2.3)$$

图 2.1 中 s 和 s' 表示两种不同新产品出现的时期，新产品无论从何时投入市场中，都是随着居民家庭对产品需求的扩散增长至最后的需求饱和状态。

本书假定厂商生产的产品能够及时地被社会中的居民家庭需求并消费，在上述第三部分分析产业发展受约束于需求侧因素的规律事实研究中得到证实。则可以将式（2.3）改写为产出增长率方程：

$$Y_d = -\mu d^2(t-s) + \mu d(t-s) \qquad (2.4)$$

将式（2.2）和式（2.4）结合分析，发现产品的需求增长路径决定了产业产出增长率的变化路径。如图 2.2 所示，新产品在 T_1T_2 阶段的需求扩散呈现出高增长阶段，对应新产品的产出增长率的上涨阶段。随着时间的推移，居民家庭对于新产品的需求逐渐达到饱和，在 T_2T_3 阶段的需求增长速度下降，对应新产品产出增长率的下降阶段。当居民家庭对新产品的需求达到饱和水平后，产出增长率将下降至一个恒定的常数值并上下波动。需求饱和后的产品需求主要来源于产品的折旧、更新以及新生人口的需求。

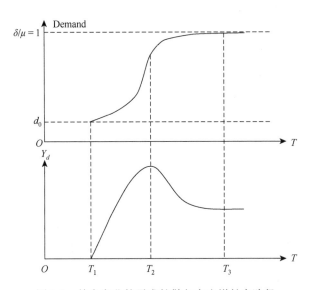

图 2.2　单个产业的需求扩散与产出增长率路径

因而 T_1 期出现一个新生的产业对总体经济增长的贡献期只在其产出上涨的阶段。一旦到达顶峰，就不再有增长率的贡献，此后生产仍会继续，居民家庭对其产品的需求仍会存在，但对增长率没有贡献，甚至是负的。这与行业是否创新无关，但与市场规模的大小有关。根据上述分析，人口规模越大，需求增长速度就越大，需求饱和度也就越小。

二、需求约束下的产出增长机制

首先，假定厂商生产最终产品仅来自唯一的中间产品 X，因此，所有最终产品的生产都需要相同的中间产品 X。

$$y_k = AX_k \quad 0 < A < 1 \tag{2.5}$$

假设厂商是完全竞争的，厂商生产满足零利润条件，可得以下方程式：

$$P_k(t)y_k(t) = P_X(t)X_k(t) \tag{2.6}$$

其中，$P_k(t)$ 表示第 k 个最终产品的价格，$P_X(t)$ 表示中间产品的价格，A 表示全要

素生产率。由于生产函数式（2.5）存在共线性，因此，零利润条件下的式（2.6）可改写为

$$P_k(t)A = P_X(t) \tag{2.7}$$

在式（2.7）中调整最终产品的单位并设定价格为 1，因此，存在所有调整单位后的最终产品价格一致为 1，$P_X = A < 1$。将每个产品或产业需求扩散为"S"形的趋势作为一个程式化事实。依据 Logistic 函数方程形式，可以设定需求函数同式（2.1）。假定供给方有足够的生产要素生产并及时提供市场产品，由于存在需求饱和的事实，每种最终产品的产量将等于其需求量 $d_k(t)$。

因此，在不考虑需求侧如何确定的情况下，可以得到第 k 个最终产品的需求量与产出量等式方程：

$$y_k(t) = d_k(t) \tag{2.8}$$

其次，在以上研究的基础上，本书参考陈昆亭和周炎（2021）"有限需求理论"进一步分析受需求约束的产业发展以及社会总产出动态。假定当前市场上全部的产品类是确定的 N_t 个。如果这些已有的产业是匀速有序出现的，产出产品供给市场的需求增长也呈现出匀速有序的扩散，而且假定所有产业的产出周期动态规律是全型相似的，则有如图 2.3 所示的特点，有多个有相同周期特征的产业均匀发生的形态，这些产业叠加后形成的经济总产值的周期动态在图 2.4 中用粗线表示，是一个均匀稳定、有微小波动的持续增长的情形。

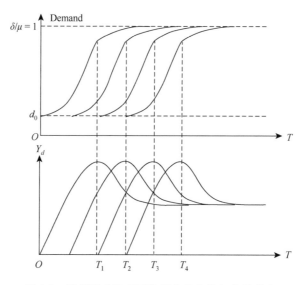

图 2.3　模拟需求约束下的产业动态均匀交叠状态

当然，在现实经济中，不同产业的周期不同，产生的时间也是随机的，因而，

实际的总量经济的周期动态不会那么均匀地持续上升，而是会存在不同的周期波动幅度和不同的周期长短。当数个产业密集产生就会形成较大的叠加增长效应，表现为一个持续时间较长、幅度较大的上升周期的发生；当某个阶段新产业发生较稀疏，则总经济周期就会进入一个低谷，表现为一个萧条的阶段。

最后，图2.5是将图2.4中产业发生的时间调整所得（陈昆亭和周炎，2021），密集区形成持续较长的增长周期，对应 OT_1 阶段；创新产业发生时段较长的地方形成一个巨大的萧条阶段，对应 T_1T_2 阶段；T_2T_3 阶段是一个高速增长阶段。由此可以推论，长期可持续的增长依赖于持续的新产业的创新发展，没有新的产业出现，局部和总体的经济增长就会停滞。通过以上分析，本书还发现一个时期的经济可持续增长因素不仅取决于当前新产业的创新发生数量，还取决于贡献增长的产业数量。

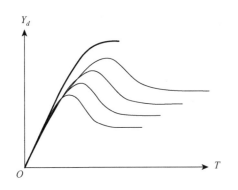

图2.4　产业叠加后总经济动态

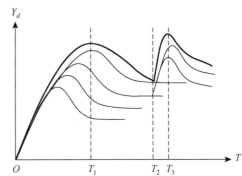

图2.5　不均匀发生的产业叠加后的总动态

三、经济增长

在模型中新产品或新产业的创新过程设定如下，假定厂商到 t 期为止已经发明的产品类型的数量为 N_t，λ^* 表示新产品或产业创新成功的概率。由于创新产品是在现有产品基础上衍生创新出来的，因此，创新成功率与现有最终产品 N_t 的数量成正比。经济市场中的产品或产业越多，新产品或产业出现的可能性就越大，这也体现出"干中学"的思想。因此，在时间间隔 $(t, t + \Delta t)$ 内创新出新产品的创新率可表示为

$$\lambda^*(t)N_t\Delta t \qquad (2.9)$$

假设 $P(N_t, t)$ 表示 t 时最终产品数量 N_t 等于 N 的概率，则满足以下方程式：

$$\frac{\mathrm{d}P}{\mathrm{d}t} = -\lambda^*NP(N,t) + \lambda^*(N-1)P(N-1,t) \qquad (2.10)$$

并假设最终产品的初始数量为 $P(N,0) = \delta(N-1)$

满足上式的初始条件为

$$P(N,t) = e^{-\lambda^* t}(1-e^{-\lambda^* t})^{N-1} \quad (2.11)$$

在 t 时有 N 个产品且 $N+1$ 个产品出现在 t 和 $t+\Delta t$ 之间的概率：

$$\lambda^* N P(N,t)\Delta t = \lambda^* N e^{-\lambda t}(1-e^{-\lambda t})^{N-1}\Delta t \quad (2.12)$$

因此，在 s 期创造出的新产品在 t 期的产量增长至：

$$y_s(t) = \frac{\mu}{\delta + (\mu-\delta)e^{-\mu(t-s)}} \quad (2.13)$$

当新产品投入市场后，每种新产品的需求增长路径都服从 Logistic 增长。新产品是随机出现的，GDP 总值为当前各产业的总产出值。由式（2.12）和式（2.13）可得，在 t 时刻的创新成功率 λ^* 下的 GDP 的期望值 Y^* 为

$$
\begin{aligned}
Y^*(t) &= \sum_{N=1}^{\infty}\int_0^t \lambda^* N e^{-\lambda s}(1-e^{-\lambda s})^{N-1}y_s(t)\mathrm{d}s + \frac{\mu}{\delta+(\mu-\delta)e^{-\mu t}} \\
&= \sum_{N=1}^{\infty}\int_0^t \lambda^* N e^{-\lambda s}(1-e^{-\lambda s})^{N-1}\frac{\mu}{\delta+(\mu-\delta)e^{-\mu(t-s)}}\mathrm{d}s + \frac{\mu}{\delta+(\mu-\delta)e^{-\mu t}}
\end{aligned}
\quad (2.14)
$$

式（2.14）右侧第一项是创新产业不断发生后的产出值，是由于新产品创新成功的发生并与市场中其他产业相互交叠产生总体产出增长，对应图 2.5 中 OT 整个时期持续出现新产品后的增长阶段。式（2.14）右侧第二项是初始第一个部门在 t 时 $y_{(0)}t$ 处已有的产出值。

将下列等式代入式（2.14）

$$\lambda^* N e^{-\lambda^* s}(1-e^{-\lambda^* s})^{N-1} = \frac{\mathrm{d}}{\mathrm{d}s}(1-e^{-\lambda^* s})^N$$

$$\sum_{N=1}^{\infty}(1-e^{-\lambda^* s})^N = e^{\lambda^* s}-1$$

可得

$$
\begin{aligned}
Y^*(t) &= \int_0^t \frac{[\mathrm{d}/\mathrm{d}s(e^{\lambda^* s}-1)]\mu}{\delta+(\mu-\delta)e^{-\mu(t-s)}}\mathrm{d}s + \frac{\mu}{\delta+(\mu-\delta)e^{-\mu t}} \\
&= \lambda^*\int_0^t \frac{e^{\lambda^* s}\mu}{\delta+(\mu-\delta)e^{-\mu(t-s)}}\mathrm{d}s + \frac{\mu}{\delta+(\mu-\delta)e^{-\mu t}} \\
&= \lambda^*\int_0^t \frac{e^{\lambda^*(t-u)}\mu}{\delta+(\mu-\delta)e^{-\mu u}}\mathrm{d}u + \frac{\mu}{\delta+(\mu-\delta)e^{-\mu t}}
\end{aligned}
\quad (2.15)
$$

由式（2.15）推出社会总产出期望值的增长率：

$$g_t^* = \frac{\dot{Y}^*(t)}{Y^*(t)} = \lambda^* + \left(\frac{f(t)}{Y(t)}\right)\left(\frac{\dot{f}(t)}{f(t)}\right) \quad (2.16)$$

其中，$f(t)$ 表示服从 Logistic 函数的方程：$f(t) = \dfrac{\mu}{\delta + (\mu - \delta)e^{-\mu t}}$

容易证明 g_t^* 满足要求：$\dot{g}_t^* = (g_t^* - \lambda)[2(\mu - \delta)e^{-\mu t} f(t) - \mu - g_t^*]$ (2.17)

初始值 g_0^*： $g_0^* = \dfrac{\dot{Y}^*(t)}{Y^*(t)}\Big|_{t=0} = \lambda^* + \mu - \delta$ (2.18)

此外，当 $t \to \infty$ 时，$e^{-\mu t} f(t)$ 趋近于零，可以确定总产出增长率渐近于 λ^*。

$$\lim_{t \to \infty} g_t^* = \lim_{t \to \infty} \frac{\dot{Y}^*(t)}{Y^*(t)} = \lambda^*(t) \tag{2.19}$$

综上分析，在需求达到饱和的情况下，从模型中得出重要结论即 GDP 增速最终收敛于新产品的创新成功率 λ^*。

在以上模型设定中，假设厂商生产的最终产品用于消费和投资，其中储蓄等于投资。对厂商的投资决策进行分析，中间产品是由代表性厂商使用资本 K 进行生产。厂商受到需求 X 的约束，并已给出资本存量 K，因此，在每个 t 时刻都存在产能利用率 $a = X/K$，其变化范围取决于需求增长率和最优资本积累率的大小。如果资本积累的速度低于需求增长率，则产能利用率将上升，折旧率也将上升。但当厂商提高资本积累时，会产生更高的调整成本。厂商必须在两者之间取得平衡，以使其利润最大化。因此，最终决策主要取决于厂商面临的需求增长率 $g = \dot{X}/X$。厂商的利润来自 $P_X X$，是通过将中间产品出售给生产最终产品的厂商得到的。投资由调整成本在内的净投资和折旧两部分组成。总投资 I 需要最终产品作为投入，假设最终产品可以通过增加 K 进行完全替代，那么，当资本 K 积累时，X 就会增加并引致最终产品增长。

第二节 数值模拟与分析

一、中国 2000～2020 年的 GDP 增速模拟

在参考 Aoki 和 Yoshikawa（2007）模型的基础上对模型中参数进行重新定义并赋值模拟，分析需求有限性、产业发展与经济增长之间的影响关系。对模型中的参数进行具体定义，其中 $\mu - \delta$ 表示需求增速，δ/μ 表示需求饱和值，λ^* 表示产品的创新成功率，这也是本书的创新之处。需求未饱和下的经济增长路径取决于参数 $\mu - \delta$、δ/μ 和 λ^*。在本书模型中，μ 和 δ 具有水平效应，而最终达到需求饱和时的经济增长率由 λ^* 决定。从时间 $t = 0$ 开始的需求未饱和经济增长决定方程为式（2.18）。需求未饱和经济中 GDP 增速最初为 $\lambda^* + \mu - \delta$，当需求逐渐达到饱和时，GDP 增速最终将下降至 λ^* 值。值得注意的是，经济增长不仅发生在需求饱和的情形下，而

且在需求未饱和的情形下也由新产业或产品的不断推出激励经济增长。原有产业或产品的需求增长速度持续下降，而新产品或产业需求高速增长，增速取决于 μ 和 δ。如式（2.18）表明，需求未饱和增长路径主要取决于 μ 和 δ，它们决定了需求增速以及需求多久达到饱和。当 δ 非常小时，需求上限将变得非常高，则需求下降速度较为缓慢。

在数值模拟的过程中，对理论模型中新产品创新成功率 λ^* 参数校准计算方法为

$$\lambda^*(t) = N_t / N_t' \tag{2.20}$$

其中，N_t 表示 t 年内研发成功创新出的新产品种类数量，N_t' 表示 t 年参与研发创新的新产品总数量，由于这方面的中国统计数据是缺失的，可以参考和借鉴以下数据来源对参数进行校准。尼尔森数据对 2000～2020 年中国 FMCG（fast moving consumer goods，快速消费品）市场统计发现，中国市场中平均每一小时均出现两个新产品的进入以及至少两个产品的退出，新产品创新并进入市场的成功率低于 5%。BIO（Biotechnology Innovation Organization，生物技术创新组织）、Informa Pharma Intelligence（全球医药智库信息平台）、QLS（quality of life scale，生命质量表）收集了 2011～2020 年 12 728 条医药临床开发项目数据，其中，肿瘤领域的新药品创新成功率为 5.3%，非肿瘤领域的新药品创新成功率为 9.3%，Aoki 和 Yoshikawa（2007）中对新产品创新成功率 λ^* 的参数取值为 3%，综合分析，在本书的数值模拟中给新产品创新成功率 λ^* 赋值为 5% 附近。

需求增速和需求饱和度在本书的模型中，分为单个产品的值和所有产业的加总值，关于单个产业这两个参数的校准，对任意一种产品 i 的需求增速参数校准方法为

$$\mu(i,t) - \delta(i,t) = \frac{W(i,t) - W(i,t-1)}{W(i,t)} \tag{2.21}$$

其中，$W(i, t)$ 表示 t 年平均每户家庭对 i 产品的拥有量，$W(i, t-1)$ 表示 $t-1$ 年平均每户家庭对 i 产品的拥有量。对任意一种产品 i 的需求饱和度参数校准方法如下。首先，假定 i 产品的扩散速度值 $\mu(i, t)$ 为 0.12，结合已经计算出的需求增速值 $\mu(i, t) - \delta(i, t)$，可以计算出 i 产品的需求饱和值 $\delta(i, t)/\mu(i, t)$。其次，在理论模型推导中，进一步将各产业加总并随时间推移得到加总后的需求增速 $\mu - \delta$ 和需求饱和度 δ/μ。参考 Aoki 和 Yoshikawa（2007）假定各类产品的总体需求扩散速度值 μ 为 0.12，总体需求增速值 $\mu - \delta$ 取 0.01～0.1，可以计算出总体需求饱和值 δ/μ。最后，在理论模型基础上对参数进行赋值并模拟需求未饱和以及需求未饱和至需求饱和的经济动态变化过程。基于理论模型框架下的数值模拟为中国经济增长、需求增速以及需求饱和度的预测提供启发性思路，但对于具体的精确数值的校准仍需在以后的研究中进一步深化和完善。

表 2.1 中，1～21 期的模拟结果对应中国 2000～2020 年的 GDP 增速。其中，

在第 20 期（2019 年）的模拟中，设定达到需求饱和时（需求饱和状态），即经济增长收敛于新产品创新成功率为 λ^* 值。而其他需求未饱和时期的 GDP 增速取决于需求增速 $\mu-\delta$、需求饱和值 δ/μ 和新产品创新成功率 λ^* 三者的共同作用。

表 2.1　模型中需求未饱和下的 GDP 增速模拟

T	λ^*	μ	δ	$\mu-\delta$	δ/μ	实际 GDP 增速/%	模拟 GDP 增速/%
1	0.053	0.20	0.16	0.04	0.80	8.5	8.5
2	0.04	0.20	0.15	0.05	0.75	8.3	8.2
3	0.05	0.20	0.15	0.05	0.75	9.1	9.1
4	0.06	0.20	0.15	0.05	0.75	10.0	10.0
5	0.06	0.20	0.15	0.05	0.75	10.1	10.0
6	0.06	0.20	0.13	0.07	0.65	11.4	11.5
7	0.04	0.20	0.1	0.1	0.5	12.7	12.7
8	0.05	0.25	0.14	0.11	0.56	14.2	14.3
9	0.04	0.22	0.15	0.07	0.68	9.7	9.7
10	0.04	0.22	0.15	0.07	0.68	9.4	9.7
11	0.05	0.22	0.15	0.07	0.68	10.6	10.6
12	0.04	0.22	0.15	0.07	0.68	9.6	9.7
13	0.06	0.20	0.18	0.02	0.90	7.9	7.8
14	0.06	0.20	0.18	0.02	0.90	7.8	7.8
15	0.05	0.20	0.17	0.03	0.85	7.4	7.3
16	0.06	0.20	0.19	0.01	0.95	7.0	7.0
17	0.06	0.20	0.19	0.01	0.95	6.8	6.8
18	0.06	0.20	0.19	0.01	0.95	6.9	6.8
19	0.06	0.20	0.19	0.01	0.95	6.7	6.8
20	0.06	0.20	0.20	0	1	6.1	6.0
21	0.015	0.20	0.19	0.1	0.95	2.3	2.3

资料来源：Aoki 和 Yoshikawa（2007）

新产品创新成功率 λ^* 与研发投资和技术经验存量水平高度相关，高精尖技术的研发将激励创新产业或产品的出现。需求增速 $\mu-\delta$ 可以理解为整体产品需求增速的加权，由创新产业或产品的数量和效用决定，$\mu-\delta$ 将随创新产品或产业的数量增加，也随需求逐渐饱和而下降。需求饱和值 δ/μ 描述了需求饱和程度，与居民家庭异质性偏好和收入水平密切相关，δ/μ 将随新产业或产品的创新种类的增加而降低，随居民家庭收入水平的提高而增加，长期经济中 μ 和 δ 变动也与 λ^* 密切相关。

在需求未饱和增长下，对本书模型中 λ^*、μ 和 δ 三个参数进行赋值可计算 GDP 的增速，在短期和中期，λ^*、μ 和 δ 都将根据具体市场总体需求而变动。对本书模型中的参数 λ^*、μ 和 δ 进行冲击模拟 GDP 增长率波动与基于 TFP（total factor productivity，全要素生产率）冲击的模拟波动相比，带有"需求冲击"的模拟波动可能会对短期波动产生更近乎现实的解释。

二、需求未饱和至饱和的 GDP 增速模拟

当整体经济对产品的需求逐渐饱和时，需求未饱和经济增长逐渐转向需求饱和经济增长。表 2.2 是对本书模型中 GDP 增速由需求未饱和增长逐渐达到需求饱和增长动态过程的数值模拟。在此假定经济初始状态中的 λ^*、μ 和 δ 分别为 0.05、0.12 和 0.02，且初始 GDP 为 1，通过模拟 1～99 期的 GDP 增速分析模型中整体经济增长的动态变化。在最初 10 期，GDP 增速超过 10%；在第 20 期，GDP 增速仍维持在 6.9%以上；在第 40 期，GDP 增速已放缓至 5.11%，接近假定的新产品创新成功率 5%；直至第 59 期，GDP 增速下降至 5%即初始假定的新产品创新成功率。在此模型中 GDP 增长会因需求逐渐达到饱和而收敛为初始假定的新产品创新成功率为 5%的稳定增速。

表 2.2　模型中需求未饱和至需求饱和的 GDP 增速模拟

期数	GDP	GDP 增速/%	期数	GDP	GDP 增速/%	期数	GDP	GDP 增速/%
1	1.16	14.34	16	5.86	8.00	31	15.37	5.45
2	1.33	13.73	17	6.34	7.71	32	16.23	5.39
3	1.52	13.18	18	6.83	7.44	33	17.12	14.34
4	1.73	12.66	19	7.35	7.19	34	18.05	5.29
5	1.96	12.18	20	7.89	6.96	35	19.03	5.25
6	2.21	11.72	21	8.45	6.74	36	20.05	5.21
7	2.48	11.28	22	9.03	6.54	37	21.12	5.18
8	2.77	10.85	23	9.63	6.36	38	22.24	5.15
9	3.08	10.45	24	10.26	6.2	39	23.41	5.13
10	3.42	10.05	25	10.91	6.05	40	24.64	5.11
11	3.77	9.67	26	11.58	5.92	41	25.93	5.09
12	4.15	9.31	27	12.28	5.8	42	27.29	5.08
13	4.54	8.96	28	13.01	5.7	43	28.71	5.07
14	4.96	8.62	29	13.76	5.61	44	30.20	5.06
15	5.4	8.30	30	14.55	5.52	45	31.76	5.05

续表

期数	GDP	GDP 增速/%	期数	GDP	GDP 增速/%	期数	GDP	GDP 增速/%
46	33.41	5.04	64	82.36	5	82	202.59	5
47	35.13	5.04	65	86.58	5	83	212.98	5
48	36.94	5.03	66	91.02	5	84	223.90	5
49	38.85	5.03	67	95.69	5	85	235.38	5
50	40.85	5.02	68	100.60	5	86	247.44	5
51	42.95	5.02	69	105.76	5	87	260.13	5
52	45.16	5.02	70	111.18	5	88	273.47	5
53	47.49	5.01	71	116.88	5	89	287.49	5
54	49.93	5.01	72	122.87	5	90	302.23	5
55	52.49	5.01	73	129.17	5	91	317.73	5
56	55.19	5.01	74	135.80	5	92	334.02	5
57	58.02	5.01	75	142.76	5	93	351.14	5
58	61.00	5.01	76	150.08	5	94	369.14	5
59	64.13	5	77	157.78	5	95	388.07	5
60	67.42	5	78	165.87	5	96	407.97	5
61	70.88	5	79	174.37	5	97	428.88	5
62	74.52	5	80	183.31	5	98	450.87	5
63	78.34	5	81	192.71	5	99	473.99	5

资料来源：Aoki 和 Yoshikawa（2007）

综上分析，本书模型中可以通过对各参数赋值模拟出中国需求增速、需求饱和度和创新成功率如何决定经济增长，也能够模拟出经济增长由需求未饱和至需求饱和的 GDP 增速收敛过程。本书研究发现 GDP 增速最终收敛于新产品或产业的创新成功率，只有新产品或产业的不断创新成功才能实现可持续经济增长。表 2.1 和表 2.2 中的数值模拟较好地说明了在需求有限性条件下，产业的健康发展应遵从需求侧因素。上述数值模拟的参数估计借鉴和参考 Aoki 和 Yoshikawa（2007），经济增长动态的数值模拟能够清晰表达书中理论模型的思想，为需求有限性条件下分析产业发展与经济增长提供启发性的新思路，阐明了健康产业发展应遵从需求侧因素是经济长期可持续增长的基础，对于估算和预测中国需求增速、需求饱和度以及创新成功率有着一定的参考意义。

第三节　需求有限性与中国经济增长效应的关联分析

本节将利用模型得出的结论分析中国 1978～2019 年的需求有限性与经济增

长效应的关联影响。改革开放至今,消费始终成为引领中国 GDP 增长的主要因素。中国人口数量庞大,由居民家庭需求产生的消费存在着巨大红利。随着居民家庭对各类产品的需求逐渐饱和,继续消费其同等效用水平的产品不再增加效用,因此,这种红利将由于个人或家庭的需求有限性逐渐消失。通过对中国 1978～2019 年居民家庭耐用品拥有量和 GDP 增长率数据分析,进一步探究需求有限性与经济增长效应的关联影响。从 1978～2019 年按波峰到波峰计算,中国经济增长经历了三个完整的周期和一个不完整周期。GDP 增长周期分别为:第一个增长周期(1978～1984 年)、第二个经济增长周期(1984～1992 年)、第三个经济增长周期(1992～2007 年)和第四个不完整周期(2007～2019)。1978～2019 年,中国城乡居民家庭对耐用品的需求逐渐饱和以及各产业产出增长率由高到低并逐渐靠近于横轴 0 值,这与中国经济增长周期波长由第一个周期的 6 年延长至第二周期的 8 年以及第三个周期延长至 15 年的波动具有一致性关联。2007 年后中国 GDP 增长率一直呈现出下降的趋势,至 2019 年经济增长率下降为 6.1%。2013 年中国彩电、电冰箱、洗衣机产出增长率已经下降至 0 值附近,并且 2013 年也成为第二产业拉动 GDP 百分比开始低于第三产业的起点,至 2019 年第二产业对 GDP 的拉动已经降低至仅有 2 个百分点。

一、1978～1984 年的需求有限性与经济增长效应关联分析

第一个阶段的需求有限性与经济增长效应关联分析:1978～1984 年是第一个经济增长周期的上升阶段,其主要驱动力是由新产品如彩电、电冰箱、洗衣机等家用电器进入中国城镇居民家庭中产生的。改革开放初期,城镇居民家庭对典型耐用品的需求潜力巨大,中国彩电、电冰箱和洗衣机产量突飞猛进,生产规模迅速扩张。这一时期,作为新兴产业的家电行业成为带动经济增长的领头羊,也是经济增长的新起点。家用彩电、电冰箱和洗衣机的产量由 1978 年的 0.38 万台、0.04 万台和 2.8 万台增加至 1984 年的 133.95 万台、578.06 万台和 54.74 万台,其年平均产量增长率分别达到 60.33%、73.33% 和 64.83%。如表 2.3 所示,1981～1985 年由于彩电、电冰箱和洗衣机需求的短周期波动带动第二产业增加值的增长率上升,对应 GDP 增长周期上升趋势的 1978～1984 年。这一时期对家用电器的需求主要来自城镇居民家庭,由此发现,家用电器需求的短期波动是第一周期 GDP 增长波长较短的重要原因。此阶段经济增长的原因与第三部分理论模型中的结论一致,创新产品进入市场将刺激经济增长,创新进步率是影响经济增长的重要原因之一。

表2.3　GDP、第二产业增加值和耐用品需求增长周期的联动（按波峰-波峰计算）

研究对象	周期与波长	时间范围			
GDP增长周期	周期	1978～1984年	1984～1992年	1992～2007年	2007～2019年
	波长	6年	8年	15年	12年
第二产业增加值增长周期	周期	1980～1985年	1985～1993年	1993～2007年	2007～2017年
	波长	5年	8年	14年	10年
电冰箱需求增长周期	周期	1980～1984年	1984～1988年	1988～2009年***	2009～2016年**
	波长	4年	6年	21年	7年
彩电需求增长周期	周期	1981～1985年	1985～1991年	1991～2010年***	2000～2016年
	波长	4年	6年	19年	6年
洗衣机需求增长周期	周期	1978～1984年	1984～1993年	1993～2010年**	2010～2018年
	波长	6年	9年	17年	8年
乘用车需求增长周期增长周期	周期	1980～1985年	1985～1993年	1993～2010年	2010～2019年
	波长	5年	8年	17年	9年

和*表示经历2个和3个周期

二、1984～1992年的需求有限性与经济增长效应关联分析

第二个阶段的需求有限性与经济增长效应关联分析：1984～1992年为第二个经济增长周期，对应图2.6中1985～1993年第二产业增加值的增长周期。电冰箱、彩电、洗衣机和乘用车需求增长周期波动阶段分别为1984～1988年、1985～1991年、1984～1993年和1985～1993年。1984年以后家用电器的消费需求从高收入水平家庭转向占比最大的中等收入水平家庭，电冰箱和彩电需求增长周期均由4年延长至6年。1984年后，汽车产业生产规模扩大，1985～1993年汽车产业保持较高的产出增长率，其年产量由1985年的79.45万台增至1993年的285.98万台。家用电器（电冰箱、彩电、洗衣机）市场需求规模的扩张和乘用车需求速度的提高引致第二产业增加值，其增长波动周期阶段为1985～1993年，从而引致GDP增长周期波长由6年延长至8年。以上分析发现，产品随时间的推移引致需求市场规模逐渐扩大进而提升需求增速。此阶段发展特点与理论模型中提升需求增速将引致经济高增长的结论一致。

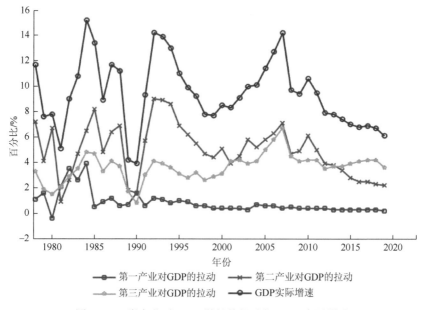

图 2.6　三类产业对 GDP 增长的拉动与 GDP 实际增速

三、1992～2007 年的需求有限性与经济增长效应关联分析

第三个阶段的需求有限性与经济增长效应关联分析：1992 年后，家用电器在城镇居民需求旺盛的基础上，开始进入农村居民家庭以及对外出口。电冰箱、彩电和洗衣机在第三个 GDP 增长周期中分别经历了 3 个、3 个和 2 个需求增长周期，其平均波长仍保持在 7 年、6.3 年、8.5 年左右。1993～2010 年乘用车需求周期延长至 17 年，乘用车需求在此期间持续高速增长。第三个阶段发展中大量的家用电器进入农村，农村居民家庭对耐用品的需求处于未饱和状态。农村居民对耐用品的需求强劲并保持较高的增速，此阶段中国家用电器已经开始对外出口，两者共同作用引致家用电器的需求增长周期保持较长的波长。家用电器进入农村家庭、对外出口的需求增加以及乘用车需求持续增长是引致 GDP 增长周期波长延长至 15 年的决定性因素。一方面，乘用车的需求持续上涨进而提升需求增速，另一方面，家用电器进入农村居民家庭并出口海外市场提高了需求上限，两方面共同作用提升了需求增速，降低了需求饱和度。这一结论验证了在理论模型中可以通过提升需求增速和提高需求上限来激励经济增长。

四、2007～2019 年的需求有限性与经济增长效应关联分析

第四个不完整阶段的需求有限性与经济增长效应关联分析：2007 年以后城乡

居民家庭对耐用品的需求逐渐饱和是引致经济增速下降的决定性因素。2008 年中国城镇居民对于电冰箱、彩电以及洗衣机的每百户居民拥有量均达到 100 台以上，至 2012 年城镇居民家庭对家用电器均达到完全需求饱和的状态。2008 年中国每百户农村居民彩电拥有量达到 110 台左右，电冰箱和洗衣机已经有 60% 以上的农村居民家庭拥有，2012 年农村居民家庭对家用彩电的需求达到饱和，每百户农村居民家庭的拥有量达到 120 台，2019 年洗衣机和电冰箱每百户农村居民家庭的拥有接近于 100 台。以上分析得出结论：2007 年以后中国城乡居民对于主要耐用品的总需求接近于饱和。2013 年中国第二产业增加值对 GDP 的拉动已经开始低于第三产业增加值。以耐用品生产为支柱的第二产业由于需求有限性的实际存在引致产值的下降，从而影响经济增长的总趋势。我们对比理论模型的结论发现，当需求达到饱和时即在模型中的稳态情形下，经济的增长效应将依赖于创新进步率（新产品的推出）。进入第四个经济增长周期后，大部分产品需求达到饱和状态，其创新产品进入市场的速度不足以补偿需求增速的下降，由此推论，需求有限性和创新不足是 GDP 增长率进入持续下降状态的重要原因之一。

如图 2.6 所示，在需求有限性的条件下分析各产业对经济增长的拉动情况。1985 年之前，中国城乡居民面临的主要需求是对温饱的基本需求，随着工业化发展和整体收入水平的提高，城镇居民对粮食的需求达到稳定的饱和状态，1985～2019 年第一产业增加值对 GDP 增长的拉动由 1 向 0 个百分点逐渐靠近，第一产业在 1985 年后对 GDP 增长不再有显著的拉动作用。改革开放以后，经济迅速发展使整体居民收入水平得到改善，为满足于居民便利生活水平的需求，家用电器行业兴起。城乡居民对家用电器和乘用车的需求不断扩大，轻工业和重工业得到了蓬勃发展，1982～2013 年第二产业成为拉动 GDP 增长的主要动力。2013 年后，第三产业逐渐成为拉动 GDP 增长的主要部分，至 2019 年第三产业拉动 GDP 增长率近 4 个百分点成为经济增长的新支柱。上述分析得出重要结论：居民家庭以第一、二产业为主的粮食基本需求和耐用品为主的便利性需求存在着需求有限性特征，且已经进入需求饱和期，对经济增长的拉动作用停滞或者下降。第三产业中医疗服务和养老保险潜在需求的充分激励以及旅游业和餐饮业随着整体收入水平的提高进一步扩大需求规模，是近些年服务业成为拉动经济增长主力军的重要原因（柴化敏，2013）。

第四节 本章小结

本章在收集数据实证检验需求有限性事实的分析中，发现当产品产出增长周期逐渐变短、稳定以及其增长率逐渐靠近于 0 时，该产品需求达到饱和，该结论对各产业研发投资与转型升级具有重要的借鉴意义。需求有限性决定了产品需求增长时间路径长短和产业对经济增长的贡献周期。各产品的需求扩散服从 Logistic 函数曲线形式：①在新产品供给市场初期，居民家庭对新产品的需求旺盛，同时市场需求潜力巨大，从而刺激经济增长；②在新产品供给市场中期，产品已经进入占比重较大的居民家庭中，需求扩散至此阶段几乎呈现指数增长形式，由此经济实现高增长；③新产品供给市场后期，居民家庭对新产品的拥有量已经很高并实现需求饱和，当居民家庭对产品达到需求饱和时，该产品对经济增长不再有贡献。需求有限性也决定了产业对经济增长贡献的周期波长。各产业特别是主导产业对总体经济增长的贡献在不同阶段的程度不同，新产业在起始阶段对总体经济增长的贡献程度对应高增长阶段，当新产业发展至成熟稳定后对总体经济增长的贡献程度对应低增长、稳产出、稳就业以及零增长的阶段，当新产业发展至产出下降阶段即衰退期时对总体经济增长的贡献程度对应负增长阶段。各产业支撑长期经济可持续增长可归结为以下三个因素。①新产业和未饱和产业的周期长短和数量。各产业在发展周期内的增长期越持久、产业数量越多，对总体经济增长的贡献程度越大，反之同理。②社会生产活动中的技术进步程度越大，越易于新产业或新产品的创新，同时在一定时间内创新出新产品的频率越高，对总体经济增长的贡献程度越大。③产业所拥有的技术水平越高端其边干边学的能力越强，创造出新产品的概率越大。因此，越拥有高技术水平的产业对经济增长的贡献概率越大。

　　首先，本章通过收集居民家庭需求数据和产业产出数据分别从需求侧和供给侧证实需求有限性规律事实的存在，同时对中国城乡、日本和美国居民家庭对产品的需求增长趋势进行对比分析。然后，通过中国需求和产出数据进行规律事实分析，发现需求逐渐扩散并最终达到饱和的时间路径决定了产业发展周期的倒"U"形特征。在需求有限性视角下，产出增长的轮动与交叠形成总体经济的增长与波动，这有别于传统产业生命周期理论的研究思路。其次，本章在需求有限性条件下，建立产业发展与经济增长模型，创新性地定义了需求增速、需求未饱和度以及新产品创新成功率，模拟需求未饱和与需求饱和下的一般增长情形，以及需求未饱和至需求饱和的经济增长动态过程。结果发现在需求饱和情形下，经济增速收敛于新产品或产业的创新成功率；在需求未饱和情形下，经济增速取决于需求增速、需求未饱和度以及新产品或产业创新成功率的共同作用。最后，利用模型得出的结论分析中国近 40 年需求有限性与经济增长效应的关联影响。这方面的研究对构建双循环新发展格局，防范经济危机和滞胀问题以及实现"十四五"规划蓝图具有较强的启发意义。

第三章　有限需求假设下的经济增长动态分析

在借鉴和参考陈昆亭和周炎（2021）有限需求理论的研究基础上，基于需求有限性特征对经济模型中需求侧进行效用函数的设定；其次，对供给侧中的横向技术进步与纵向技术进步对经济增长的不同作用机制进行分析；最后，通过有限需求理论模型的作用机制揭示需求有限性、产业周期发展与经济增长之间的动态变化过程，进一步说明经济周期波动的微观机制。

第一节　有限需求假设提出的基础及深刻影响

20 世纪 90 年代后，中国逐渐进入买方市场，相对过剩成为制约经济增长的重要因素，需求成为决定大多数产业供需均衡的矛盾的主要方面。但在传统经济学框架中，增长和周期理论问题的研究基本都是建立在对供给侧（生产函数方面）因素效应上的讨论，而极少考虑需求侧影响因素和机制，而且关于需求的假定笼统而脱离实际。

在需求有限性假设下宏观经济理论会有哪些不同？会发生什么不同的结果和预测？通常的主流宏观经济学从总需求角度观察影响需求变化的诱因和机制，以及总需求变化会产生怎样的影响等。这样笼统的观察掩盖了很多需求内在的变化规律。通过对不同商品需求的相关影响机制的观察可以发现，在特定的经济中任何商品的需求几乎都是有限的，都有一个逐渐饱和的过程。因而，虽然传统宏观经济学对总需求的观察无法发现具体商品需求的有限性特征，但不同商品的需求有限性意味着该产业发展周期的倒"U"形发展趋势特征。产业周期特征综合形成整体经济的波浪形递进的长周期和增长特征。基于有限需求假设的宏观经济理论相应会有很大不同，初步的研究发现可以更好地解释实际经济的动态规律，同时由此获得的理论对指导实际经济发展，特别是产业经济发展，有着重要的贡献。

一、后工业化阶段经济增长点的转换

近现代西方经济承借工业革命的推动实现了人类前所未有的发展。在西方经

济工业化发展的过程中，所有工业化产品都能够获得近乎全球的巨大的需求市场（市场竞争大都发生在发达经济体之间），从而得到巨大的有效需求的拉动进而实现生产的持续增长。这对于工业化初期的每一个新产品的生产企业而言都是一个极其伟大的时代，因为企业几乎不需要考虑市场需求的问题，也不需要过多关注竞争者，因为市场实在太大了，容得下足够多的竞争者。此外，机器化新时代也给人们带来了巨大的想象空间，大量可以开发的新项目和新产品创意激发了所有人的无限激情（这很像改革开放初期的广州、深圳的状况）。在这种情况下，虽然财富积累的速度有差别，但所有人都能实现收入的快速增长。收入总体水平的增长进一步拉动更多的新层次的需求的增长，于是经济又会在更高层面上实现持续的增长。这种局面形成了西方经济总体的大增长时代。其中，英国在 1750 年之后最先进入工业化，此后欧洲其他国家也先后进入工业化；而美国在第二次世界大战中实现了工业化水平的超越，到 1940 年前后工业占全球的份额约 50%，为其发展奠定了坚实的经济基础。

在这样的发展过程中，增长的实现几乎完全等价于产能水平的增长。因为需求是无限的，至少面对全球巨大的市场，可以近似理解为无限，当时没有人对此有异议。同时，人们相信只要收入不断增长，需求理所当然是增长的。在这样的时代，这样理解也确实没有太大问题。这就形成了传统宏观经济学思想认知的微观基础，也形成了既成的事实：增长现象主要是生产力水平的持续提高，即供给侧因素决定的，且供给创造需求。然而，在当前现实经济发展环境下西方经济工业化初期的发展局面再也无法维持。随着全球化和全球工业化国家比例的增加，竞争性局面逐渐加强并不断恶化，而且，工业化程度不断加深，总体水平不断提高，导致全球生产能力的逐渐过剩。主要的工业产品如日用家电（这是工业化以来家庭需求最旺盛、刚性较强的产品类）已经在全球形成极高的饱和率，其中，中国和印度的饱和基本昭示了全球大范围饱和的局面。家电类生产商早已撤出先期饱和的欧、美、日市场，近些年，中国国内的日用家电需求趋于饱和后，也已经开始向外部发展。而且家电类产品品牌种类繁多，竞争激烈，许多先期在中国市场上曾经一度发展的小品牌已经不见踪迹，留存下来的国内知名品牌和国际知名品牌进入需求市场饱和稳定的后竞争阶段。其他工业品也都有类似的发展经历和过程。如在美国曾经如日中天的汽车工业也早已度过了最辉煌的时代，而当前各种品牌的汽车不断推出并进入中国市场参与激烈竞争。

随着核心工业化技术的不断发展，各国必将在高端制造业领域一决雌雄。无论是出于被迫或是主观意愿，各国都必须也必然为本国的发展选择适合的发展路径。市场的争夺、技术的领先、人才的存储和可持续培养等必将成为决胜未来的重要因素。因此，历史已经让我们清晰地看到，在物质相对紧缺的年代，即工业化前或初期的阶段，供给能力决定了经济增长水平。但在产能过剩的经济即工业化水平已经充分发展的经济中，决定经济增长的主要方面已经不再是供给能力，而是需求侧。在现实经济环境下需求侧因素成为主导、限制和决定总体经济增长的主要方面。中国经济在 1990 年以后逐渐进入买方市场，相对过剩成为大多数主要产业的特征（除了一些新生产业），需求成为决定多数产业供需均衡的矛盾的主要方面。因而，在从卖方市场向买方市场转换的过程中，如何有效掌握和把控需求规律、需求影响因素和机制、需求的可持续性发展等是供需矛盾的主要方面。

在一般成熟的经济中（脱离了重要的转轨阶段进入平衡增长的均衡阶段），需求侧和供给侧共同决定着总体经济增长，因此，供需双方的驱动机制对经济长期增长有着同等的重大影响。其内在的逻辑机制是，生产的任何产品都需要得到市场的承认（即出售），生产行为才能得到实现，如此才能成为真实的 GDP 的一部分。如果商品无法售出，生产行为就无法得到实现，也就无法对经济增长产生实际贡献。这就要求产出要有恰当的需求（或自洽的需求）与之匹配。同时，有效需求的形成又需要确定的收入来支撑，收入增长的主要来源又在于生产的良性发展。所以，只有供给与需求两个方面一致增长才能实现实际的经济增长。任何一方的单方面增长都不能实现实际的经济增长。而且，只有当供给与需求两方面的增长均是可持续的，长期增长才是可持续的，否则经济增长仅表现为短暂和微弱的波动，甚至是螺旋式下降萧条的。因而，问题的关键就在于供给与需求两方面如何才能实现持续的、联合一致的增长，这属于内生增长的思想范畴。按照内生增长理论的逻辑和预测，在内生增长经济中（达到内生增长的微观基础条件），要素配置于创新部门的劳动和资本所产生的报酬递增效应足以抵消其他实际生产部门的报酬递减效应，当创新部门的报酬增效应能够持续大于其他实际生产部门的报酬减效应时，总体经济就可以实现增长。遗憾的是，近年西方发达经济都集体表现出显著的偏离内生增长理论预测的平衡增长路径，而走出增长持续衰减的可称为"高收入陷阱"的均衡趋势。是内生增长理论存在缺陷？还是西方发达经济在本质上并不满足内生增长均衡所要求的基本条件？

第一，现有的增长理论的发展显著滞后于现实世界经济发展的需要，且不能较好地解释近年世界经济新的发展趋势。世界上发达经济长期潜在的增长趋势表明世界经济增长的总体动力严重不足，这些现象既不能用现有的增长理论给出很好的解释和解决方案，也不符合主流增长理论领域的学者习惯的平衡增长路径均衡的预测。第二，美国国家经济研究局（National Bureau of Economic Research，NBER）对经济周期波动特征的经典研究清晰地表明经济周期波动存在显著的内生性特征，即波动总是存在的，是无休止的。虽然每一次波动长短高低有所不同，但持续不断地波动是肯定的。然而这种波动的持续性特征在现代周期理论的主流框架中不能内生产生（缺乏内生机制的刻画）。现有的内生周期理论多从模型多重均衡、心理因素等方面来解释，但实际上这些模型解释现实的能力非常有限。从以上两点来看，现有主流经济学理论在增长和周期问题方面都不尽如人意，这说明主流理论的确存在问题。为此，我们拟从需求行为的规律出发探索能够更好地解释现实经济增长与周期波动动态的改进思路。

二、需求的分层理论

著名的需求层次理论最早由马斯洛于 1954 年提出。马斯洛认为人的需求是分层次的，并且是有次序的。人们在满足了较低的需求之后，才能出现较高级的需求。并且，在他 1970 年的新书中又增加了求知需要和审美需要，从而升级为七个层次。一般来说，当人们同时缺乏食物、安全、爱和尊重时，第一需求的一定是食物，这是维持生存的必需。其他的需要则非必需，不那么重要。此时人们会被饥饿完全控制，所有努力都是为了获取食物，其他的东西都显得虚无缥缈。

陈昆亭和周炎（2020）给出不同的需求分层，即把人们家庭生活中所有的商品粗略地划分为三个层次：①基本生活必需品（食品类、服装类、居家生活用品类、常用小型电器、公共交通或基础交通工具类等）；②便利性生活提升型用品（汽车、大型家电、高端娱乐产品、中高端各类会员卡、通信工具、品质型高端家具、品牌服饰等）；③奢侈品（豪华游艇、私人飞机、私人会所、稀有产品等）。

当人们的收入水平超出实现基本生活需求的第一层次之后，才会考虑第二层次的需求，进而递进上升，这看起来是自然而然的事情。

三、需求的有限性

在传统宏观经济学理论的研究中，需求一直被认为是无限的，是随着收入的增长而增长的。因而，传统增长理论的逻辑就自然而然地成为单纯的供给侧的问题。只要社会生产无限增长，人们的收入就会无限增长，于是需求也是无限增长的。

从宏观全局的角度更容易认同需求是无限的。一方面，一个人的需求总是有限的，但全社会的总需求则可以是持续无限增长的。只要社会人口总量是持续增长的，或者人们的需求是不断升级的，都会表现为总需求是不断增长的。至少所有发展中经济和先发经济的数据观察也可以说明这一点。另一方面，从具体特定商品的角度，个体需求或固定人口的社会总需求是有限的，但在持续出现的新商品和新服务不断增加的情形下，无论个体或社会的总需求也都会存在客观的需求空间的持续增长。

因而，我们认识到需求的无限性依赖于两种可能性：一是人口的持续增长；二是新产品或服务种类的持续增加。下面我们分别观察这两种因素的宏观需求效应。

（一）人口增长的需求效应

在马尔萨斯所思考的农经时代，由于生产水平有限，固定区域内自然赐予的食物供给总量有限，因而，区域内人口数量永远无法突破天花板，而是呈现类似正弦波一样的波动规律，人口数量上升引致人均口粮下降，竞争与疾病引致生育下降，人口下降到底部，人均口粮富足，又会激励人口增长，如此反复。但总也无法实现人口和人均收入水平的持续提升。在那样的时代，人们思考的只有生存问题，食物似乎永远都不充足，按照陈昆亭和周炎（2020）的需求层次理论，人们的需求层级无法上升到第二层。因而，在马尔萨斯时代，人口总量始终无法持续增长，不能引致总需求的无限增长。事实上，人们的基本需求始终处于不能得到充分供给的状态。

工业革命之后，西方经济开始跳出马尔萨斯陷阱，工业生产不受国土区域范围大小的限制，社会总产出水平开始彻底超越社会基本需求的上限，人口增长不但不会受到食物不足的制约（可以通过工业品的全球贸易来获取食物），反而成为更大的工业生产规模的必需条件。因而，在工业革命初期呈现出人口与人均产出水平同时指数型增长的空前局面。在此阶段人口增长对需求持续增长存在清晰的正效应。也只有在这一阶段，资本主义经济进入大工业分工的劳动密集型生产阶段，劳动人口增长提升了劳动密集度，促进了规模经济效应，提高了总体生产效率，也提高了个体的劳动工资收入水平。这形成一种人口增长促进收入增长的良性循环，形成人口增长，收入增长，个体需求增长，进而总体需求增长的动态过程。

进入后工业革命阶段之后，如我们已经观察到欧洲经济进入 20 世纪所表现的那样，随着工业化程度的日益深入，人均收入水平持续增长，但人口却呈现掉头向下的趋势。这一现象非常具有普遍性，所有的发达经济都有同样的人口下降的现象。内生增长和一致增长理论的杰出代表们对这一后工业革命阶段的特征有很好的解释。随着工业化程度的日益加深，社会对劳动者的技术和知识化水平的要求越来越高，劳动者形成的时间成本和资本成本大幅度提升，家庭供给社会需要的合格劳动者的能力下降，妇女在时间机会成本持续增加的条件下，生育意愿下降。同时，随着工业自动化生产线和智能化发展，人工劳动需求持续减少，纵向技术进步持续挤出劳动力。这些方面的因素所形成的影响是如此之大，以至于远远超越了收入水平上升所带来的生育意愿效应，最终表现为人口的实际下降。因而，在后工业化阶段，人口无法形成有效的需求拉动效应，因为人口是不增加的。

综上所述，直观思考的判断结果是：依赖人口增加引致需求增长的效应在不同阶段表现不同，如表 3.1 所示。这意味着人口增长仅在工业化初期阶段具有可持续的需求增长和产出增长效应。工业化初始阶段本质上是一个转轨阶段，即从农业经济向工业经济转换的过程，这在更长期的历史阶段来看是非常短暂的。因而，本质上在更一般化的常态经济状态，人口不具有长期可持续的需求增长效应，进而不具有长期可持续的增长效应。

表 3.1　人口需求效应的阶段表现

阶段	马尔萨斯阶段	工业革命初期阶段	后工业革命阶段
人口的需求效应	无持续增长效应	有持续增长效应	无效应
需求 VS 供给	需求大于供给	供给追逐需求	供给大于需求

（二）新产品或服务类别增加的需求增长效应

新生事物总是令人喜悦的，人们总是有喜新厌旧的倾向，而这种倾向可以解释人们对于新产品的态度。新生的产品必然具备不同以往的新功能或高效率。这既体现新事物的魅力，也体现人们欲望无止境的逻辑。当人们对于原有商品组合的拥有都达到饱和，效用的改进就必然需要有新的商品。这似乎是最自然不过的事情，这大概也是传统的供给学派坚信的供给创造需求的逻辑盛行不衰的原因。但我们需要思考的问题其实是，新产品的创新是否是可持续的？这个问题并非一般想象中的那么简单。与此相关的问题有：有没有完全没有需求（没有用）的创新？有用的创新是否一定有需求？新产品的需求是否是无限可持续的？影响新产品需求的因素有哪些？新产品创新增长率的影响因素有哪些？

很显然，这些问题是需要重点思考和研究的主要内容之一。可以肯定的是，从现实观察到的发达经济发展的结果来看，新产品创新具有内生性质，决定其内生可持续性的因素或者说微观基础与收入差距、财富过度聚集、金融脆弱性等有关，西方发达经济中相关方面日益恶化的微观社会生态正在侵蚀创新的内生产出率，因此，经济体在长期发展过程中，由增长逐渐陷入萧条的情形，表现出显著的需求拉动的长期不可持续性。但这并不能成为我们判断新产品创新不具有需求拉动的持续性效应的结论的依据，因此，需要进一步更认真、更科学地分析。

综合本节探究，发现基于实际的、简单的长期观察就可以得到基本判断，人口增加和新产品或服务创新都不具有坚定的引致需求无限增长的必然性。当代资本主义经济日益加深的财富差距正在深度考验供给创造的需求是否足以支撑由此拉动的生产增长的循环可持续性。因而，传统宏观经济学中简单假定需求无限性必然造成脱离实际等问题。

（三）现实中需求有限性

按照马斯洛的理解，"欲望无限，需要有限"，这应当是"有限需求"思想的最早萌芽了。试考虑一个问题，人们会不会始终不去追求第二层面的商品的需求，而是随着收入的增加，始终持续的是仅仅增加第一个层面的商品的需求量呢？这一问题是否太可笑了呢？是的，现实中大多数人都会觉得这是一个可笑的问题。因为人们对某个具体方面的需求是不可能持续不断地增长的，所以实际上任何层面的需求一定也都是有限的，而不是无限的。当然这里我们所说的商品是指一般化的、不具有金融属性的商品。对于具有价值储存功能的和其他特殊稀缺性的商品，应当服从特殊的规律，这里我们暂时先不考虑这些商品。

如表 3.2 所示，美国劳工部数据显示从 1900 年至 2016 年间居民家庭对食物和衣服的消费支出占比递减，这意味着美国居民家庭对食物和衣服的需求存在着需求逐渐饱和的趋势，因此，需求是有限的。

表 3.2　美国家庭基本消费支出份额　　　　单位：%

基本消费	1900 年	1950 年	2003 年	2012 年	2016 年
食物	43	30	13	13	12.6
衣服	37	12	4	3	3

资料来源：美国劳工部公布数据

居民家庭对市场上各种商品的需求均存在着有限性特征。不同国家或地区的人口规模不同，对应于市场需求空间大小也不同。比如，云南、海南等省份生产的水果自身根本消费不了。假如将云南、海南等省份完全孤立起来成为一个封闭经济，则这些省份每年的水果需求量就是固定的，因为云南和海南等省份的人口基本是不变的。类似的道理也可以应用于日本，本田、尼桑和丰田等汽车厂商生产的汽车早已满足整个国家的总体人口需求。若将日本这一国家与世隔离，汽车厂商生产出来的汽车不能进行贸易出口，日本汽车需求市场早已饱和，因为需求市场是有限的。伊朗的石油自身需求也是有限的，被美国封闭之后，伊朗的经济就会停滞，这充分说明需求有多重要。

综上所述，一方面，人们对任何具体商品的需求都会是有限的，这是需求有限性的一面；另一方面，按照马斯洛的理解，人们的欲望又是无限的，这意味着人们的总体需求可能是无穷的。

四、有限需求假设的深刻影响

传统经济学在对效用函数的设定中，忽略并掩盖了具体商品的需求有限性特征，同时许多重要的潜在经济学规律无法体现出来，如"后工业化阶段经济增长停滞或衰退"现象的根本性原因。在 20 世纪 20 年代美国出现大萧条现象时，Hansen（1939）就用"secular stagnation"（长期停滞）这一经济学专业性词汇表述当时美国经济的萧条状态。但 Gordon（2016）的研究发现，现阶段美国经济状态与 20 世纪 20 年代美国出现大萧条现象的情况并不相似，当时美国出现大萧条现象的原因是总需求不足，而非总供给，这一时期内的供给生产能力未出现很大的变化，而现阶段经济情况是供给产出增长几乎停滞。这一不同的思想观点表达了对长期经济增长出现持续停滞现象理解的不一致问题：供给与需求哪一方决定了总体经济增长。近些年，关于我国经济增长问题的研究与讨论，同样发生了"供给 VS 需求"的争议。在传统经济学理论中，对需求的假设是笼统且无限的，这一问题的争论很难相互说服。但在有限需求的假设下探讨这一重大且棘手的问题可以得到清晰结论。

供给与需求两方面协同一致性的增长实现了长期的经济增长。供给和需求若仅是单一方面的增长均不能实现真正实质性的增长，这正是现代宏观经济学均衡理论的思想内涵。供给侧产出水平的不断提高是满足各方面需求不断增长的保障。同时，源源不断的需求是驱动供给能力不断提升的源泉。现阶段发生的供给侧产能过剩的原因在于需求不足，而产能过剩导致劳动要素、资本要素、社会福利等多方面遭受严重损失。传统供给学派如"萨伊定律"所表述的供给会创造需求，此类思想逻辑仅在一定严格约束条件下是可能成立的，但这一思想逻辑又在多大程度上是可以实现的？在各经济体普遍性的社会收入不平等程度逐渐加大的情形下，研发、创新出的新产品进入市场后是否可以引致整体经济持续增长？社会总供给和总需求的潜在决定机制以及均衡机制是怎样的？对这些问题的思考引起对经济学基本假设的重新认识，以及对企图利用供给与需求任何单独一侧去研究和解释经济问题的思潮的严肃批判。

在以索洛模型为代表的新古典增长理论中，主要探究和讨论了供给侧因素如技术进步、劳动和资本等要素的内在机制与规律影响。然而，内生增长理论的研究发现对长期经济增长起决定性作用的因素主要是创新技术进步和人力资本水平。显然，内生增长理论和统一增长理论框架均是建立在均衡条件下，通过深层次的分析发现此类经济学理论模型几乎全部集中于对供给侧因素的探究和讨论，根本性地忽略了需求侧因素的影响和作用，同时假设消费者需求是无限增长的，且需求消费越多越能够促进经济增长。基于凯恩斯理论对需求侧重要性的强调，主流经济学理论分析方法基本集中在对"价格黏滞"和"市场不完备"的假设分析上，这方面的研究对供给侧理论的不足给予了一定的补充，但对于需求侧的形成、需求侧因素的作用机制和影响效应的研究并不充分。因此，在当前经济增长理论的研究领域中仍以供给侧分析为主，长期经济增长的问题也就顺理成章地被看作供给侧的问题。近些年沿着供给侧思路的研究无法解释全球滞胀问题，其逻辑为何不成立？当前经济环境下的经济增长问题是否倾向于用需求侧因素来解释？凯恩斯理论强调和重视"市场需求"或"市场"与"需求"，现代的经济学家也大多认同"需求"具有重要的拉动经济的作用（"三驾马车"之二）。但在大部分的研究中"需求"主要被用来讨论其在短期的作用，并没有考虑将其纳入长期经济分析框架中去。传统宏观经济学的内生增长理论虽然对需求做出粗略的设定，但在此设定中默认了一个较强的约束性假设，即家庭部门对市场上的商品需求是无限的。更深层次的理解这一假设暗含着家庭部门对市场上的商品需求是永久性不饱和的，需求是无限的，但这并不符合现实下的经济环境的情形。

经济学家对于消费需求特点和规律的研究最早可以追溯至 Gordon 等（1933）的研究，他们给出"消费习惯"的概念，此后的经济学者对这一概念进行拓展和深入研究，分析"消费习惯"的一系列影响。Pollak（1970，1971）的研究中均假定存在一个潜在的或者合意的需求水平，这一需求水平的程度被理解为"习惯"。Chetty 和 Szeidl（2016）又提出了"消费承诺"（consumption commitment）的概念，实际上也是假定人们的消费有潜在的"倾向"水平。但这些关于消费的研究都是基于消费总量的观察和刻画，太"宏观"了，并不能准确刻画实际的商品的需求行为，因为所有家庭对具体分类的商品的消费需求行为并不是"habit"（习惯）或"commitment"（承诺）能够反映的。在上述机制中，除了"技术进步会引致收入差扩大"之外，其余逻辑都是被广泛认同的，因此我们需要重点说明：技术进步为什么，以及如何引致收入差距的扩大。

陈昆亭和周炎（2021）的《有限需求理论：长期经济增长可持续性及路径稳定性的视角研究》研究指出在"有限需求"假设下，人们对各类同等效用的产品的需求是有限的，同时需求市场也是有限的。陈昆亭和周炎（2021）用中国（1978～2018 年）、美国（1965～2018 年）的实际经济数据考察有限需求假设，并证实了该假设的合理性。在此假设下，建立了一个包含纵横向异质性技术进步的多产业部门模型，研究经济的周期与增长过程，以求更好地模拟现实。模型具有内生机制：财富收入差距的程度决定产品的市场总需求，差距越大，总需求越低；在收入结构确定的市场中，总需求有限，形成大多数产业发展的终极限制。纵向技术进步（产业内部）不能增加产出，但会引致收入差距的扩大；横向技术进步（新产品创新）能够增加需求，促进经济增长。模型解决了 RBC 类模型不具备解释周期波动的内生性特征的能力，拟合了现实的产业发展的倒"U"形周期特征，能够解释典型的增长现象，并给出了实现长期可持续增长的关键条件。这是结构经济与主流框架融合以模拟实际经济的重要突破，模型可为供给侧结构性改革的方向提供指南和理论支撑。

第二节　经济模型

一、需求侧设定

假定世界上可以存在互不替代的可数商品空间（横向产品的多样性）$R = \{1, 2, 3, \cdots, n\}$。在 t 时刻，代表性经济中已经发明并可以生产的产品集为 $R_t = \{1, 2, 3, \cdots, J_t\}$。假定每一种商品的需求都有有限的饱和需求水平。$t$ 期经济中有 J_t 种不同类型的商品，消费者对这些商品的需求按照需求的刚性排序，随着顺序的增加，商品的必需性逐渐降低。比如，首先排序为 1 的商品类可以是食品、衣物、日常生活必需品等的综合消费需求，这类需求是绝对刚性的；其次如手机等，日益成为准生活必需品，再如一些日用电器（冰箱、电视、洗衣机等），这类商品对生活也很重要，但其级别低于衣食；再次如电脑、汽车等，重要程度又会低于日用电器；最后如私人飞机、豪华游艇等属于奢侈品行列，消费需求的必要性程度逐渐降低。为此我们假定其权重逐渐变小：

$$\theta_1 > \theta_2 > \cdots > \theta_{J_t} \tag{3.1}$$

假定经济中所有人是理性的，并且有基本相似的偏好倾向，即所有人对商品有基本一致的偏好顺序。

假设 3.1：任意 $i \in R$，经济中所有人有相同的饱和需求水平。

假设 3.2：任意 $i \in R$，经济中所有人有相同的偏好倾向 θ_i，以及顺序（3.1）。

假设 3.3：任意 $i \in R$，经济中所有人有相同的单一商品的分段偏好函数：

$$u(c_{it}) = \begin{cases} \log c_{it}, & c_{it} < c_i \\ \log c_i, & c_{it} \geqslant c_i \end{cases}$$

以及相同的总偏好函数：

$$U(C_t) = \sum_{i=1}^{J_t} \theta_i u(c_{it}) \tag{3.2}$$

假设经济中有有限的且结构相似的家庭数 N，每个家庭有一位代表性劳动者，有相同的单位时间禀赋为 1。假定全部劳动市场以及社会教育等部门和环境是完全无摩擦、无歧视的完全竞争市场，每位劳动者初始状态无差异，但进入劳动市场之前可以自由选择专业方向进行学习，以备进入不同的行业，由此形成不同（专业知识技能差异）的人力资本特性。不同的产业中的劳动因专业不同而不能流动，希望离开本行业进入其他行业者必须重新学习相应的专业知识。这样均衡竞争的结果形成的劳动者工资函数 $w(i)$ 与产业高度相关。行业之间假定因专业不同不可以流动，由此形成的行业壁垒（摩擦），是造成劳动者收入差距的基本微观基础。在现实经济中，新兴行业的平均劳动收入往往是传统行业的很多倍。虽然青年学生可以自由选择进入不同行业学习，但因为学习周期在 4 年以上，往往毕业时热点已经过去。改革开放后，劳动市场曾经出现过多次各种热，如法律热、财会热、经济热、计算机热等，这些热点的持续期大多很有限。"隔行如隔山"，这是劳动市场之间摩擦的主要原因，是构成行业间收入差距的重要依据。

为了方便讨论，优先考虑经济中没有失业的情形。考虑代表性家庭的最优选择问题：

$$\max \sum_{t=1}^{\infty} \beta^t u(C_t)$$

$$\text{s.t.} \sum_{i=1}^{J_t} P_{it} c_{it} + s_{t+1} = s_t (1 + r_t) + w_t^q \tag{3.3}$$

其中，P 表示价格；s 表示储蓄；r 表示利率；q 表示家庭劳动的收入层次；β 表示贴现率。

上述问题有最优解方程：

$$\theta_i u'(c_{it}) = \lambda_t p_{it}, \quad i = 1, 2, \cdots, J_t \tag{3.4}$$

$$\lambda_t = \beta \lambda_{t+1} (1 + r_{t+1}) \tag{3.5}$$

由式（3.4）和式（3.5）得到，

$$c_{it} = \frac{1}{\lambda_t} \cdot \frac{\theta_i}{P_{it}}, \quad i = 1, 2, \cdots, J_t \tag{3.6}$$

实际上，达到均衡的时候，非饱和家庭的预算一定是紧的，收入全部用于消费（即与均衡时储蓄所得收益的消费效用折现之后是等价的），因而有

$$w_t^q = \sum_{i=1}^{J_t} P_{it} c_{it} = \frac{1}{\lambda_t} \sum_{i=1}^{J_t} \theta_i = \frac{1}{\lambda_t} \tag{3.7}$$

于是可得

$$c_{it}(q, \theta_i, P_{it}) = w_t(q) \frac{\theta_i}{P_{it}}, i \in R \tag{3.8}$$

结论 3.1：对任意 $i \in R$，$\dfrac{\mathrm{d}c_{it(q, \theta_i, P_{it})}}{\mathrm{d}q} > 0, \dfrac{\mathrm{d}c_{it(q, \theta_i, P_{it})}}{\mathrm{d}\theta_i} > 0, \dfrac{\mathrm{d}c_{it(q, \theta_i, P_{it})}}{\mathrm{d}P_{it}} < 0$。

该命题的经济学含义是：消费者对任意商品的需求与收入正相关，与偏好倾向正相关，与商品价格负相关。这一结论与传统的一般性结论一致，反映了需求的一般规律。

在完全竞争市场的假设下，$c_{it} = w_t(q)\dfrac{\theta_i}{P_{it}} \overset{\Delta}{=} w_t(q)\tilde{\theta}_i$，其中 $\tilde{\theta}_i \overset{\Delta}{=} \dfrac{\theta_i}{P_{it}}$，为商品 i 的"性价比"。商品的需求量决定于效用权重 $\tilde{\theta}_i$，同时，商品需求的满足程度严格按照 $\tilde{\theta}_i$ 排序。

定义：对于任意 i，存在 $q^*(i)$ 刚好满足 $c_i = w_t(q)\tilde{\theta}_i$，或者定义 $q^*(i)$ 为满足的临界水平。

$$c_i = w_t(q)\tilde{\theta}_i \tag{3.9}$$

根据结论 3.1，对于任意商品 i，消费者需求关于 q 是单调增函数，以及假设 3.2，所有人有相同的饱和需求水平，所以，$q < q^*, c_{it}(q) < c_{it}(q^*) = c_i$。同时，满足任意 $q > q^*, c_{it}(q) = c_{it}(q^*) = c_i$。

第 i 种商品的总需求函数 c_{it} 其实是 $q^*(i)$ 的函数，$q^*(i)$ 越大，表明社会平均收入水平越高。设 $\varphi(q)$ 为 q 型家庭的人口分布密度函数，假定为均匀分布，有 $\varphi(q) \equiv \varphi$，这样参数 φ 实际上代表了人口总规模大小，也表达了市场规模的大小。

定义家庭收入函数

$$w_t(q) = q_t^m \overline{w}_t, \quad \forall q \in [0,1] \tag{3.10}$$

劳动收入差异的来源很多，如能力、机会、产业的不同都可以造成很大的差异。形成行业之间劳动者收入差异的原因很清晰，就是所需要的特殊的专业知识是彼此不同的，俗话说，"隔行如隔山"，这种行业之间的客观专业性知识壁垒造成行业之间劳动流动性的阻碍，年轻人最初选择专业的时候影响因素很多，随着知识学习层次的提升，专业化划分越细，最终进入职业领域时各项工作的差异越大。因此，即使选择的专业整体收入下降，这些领域的许多劳动者也很难重新再接受完全不同的知识训练，因此无法进入更高端的行业。这样就形成了不同行业之间存在巨大的收入差异的微观基础。有许多研究讨论教育与收入之间的关系及其影响，包括不同的受教育水平的劳动者之间的收入差异方面的研究分析，以及行业之间差异的实证研究，但几乎没有从微观角度研究行业间差异的微观机制及其影响机制的理论文献。这也是本章的研究与现有的研究之间的显著差异之一。

不管差异的原因是什么，我们需要刻画这种差异。为此引入 q 作为刻画劳动收入差异的指标量，假定经济中所有劳动者在能力和地缘机会方面没有任何差异，如果行业之间也没有差异的话，则所有劳动者的工资收入都是相同的 $\overline{w}$。但现在引入了劳动收入差异，则劳动者的收入就通过 q 来刻画，基于实际的收入差异的特征，如图 3.1 所示，都呈现出显著的高阶幂函数的图像特征，为了充分贴近实际，引入 m 作为刻画不同行业间劳动者收入结构性特征的参数。很显然，当 $m = 1$ 时，是关于 q 的线性函数；当 $m = 2$ 时，是一个关于 q 的开口向上的抛物线；当 $m > 5$ 时可能非常接近图 3.1 所体现的实际的收入结构的差异形态。因而收入函数假定是式（3.10）中的形式。

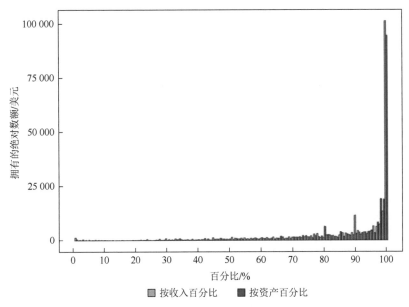

图 3.1　2016 年美国家庭收入结构

对于任意代表性产品 i，社会对 i 产品的总需求分为两种情形，一种是已经达到饱和需求水平的家庭，至多会保持稳定的需求，仅需要增加对于折旧部分的补充（对于易腐品，则令折旧率为 100% 即可）；另一种是非饱和家庭，其需求随收入水平而增加。如此总需求为不同收入水平的家庭需求的总和：

$$c_t(i) = \int_0^{q^*(i)} \varphi w_t(q) \tilde{\theta}_i \mathrm{d}p + \int_{q^*(i)}^1 \varphi c_i \mathrm{d}p \delta_i$$

$$= \varphi \tilde{\theta}_i \int_0^{q^*(i)} w_t(q)\, \mathrm{d}p + \varphi c_i [1 - q^*(i)] \delta_i \qquad (3.11)$$

$$= \left[\delta_i - \left(\delta_i - \frac{1}{m+1} \right) (l_{it} p_{it})^{1/m} \right] \varphi c_i$$

其中，$l_{it} = c_i / (\overline{w}_t \theta_i)$。

要使式（3.11）有意义，需满足：

$$\delta_i > \frac{1}{m+1} \qquad (3.12)$$

该条件意味着被研究的产品 i 不应当是折旧率极小的商品，折旧率极小的商品会有储存功能和价值，因而会具有金融功能，不属于此处研究的范畴，即本书中的讨论主要针对非耐用品或耐用但折旧率不太小的产品类别。实际中，年度折旧率大于 30% 的商品的类别非常广泛，大多数的日常用品的年度折旧率在 50% 以上，食品的折旧率可以理解为 100%。而食品和日常用品构成了一般需求的主要部分。将代表性商品 i 的社会总需求方程式（3.11）与条件方程式（3.12）结合分析，得出以下结论。

结论 3.2：代表性商品 i 的社会总需求与市场规模 φ 成正比、与饱和需求水平 c_i 正相关、与价格水平 p_{it} 负相关、与社会平均收入水平 $\bar{w}$ 以及产品效用权重参数 θ_i 正相关；与家庭收入结构性参数 m 负相关（即收入差距越大，总需求越小）。

证明：（此处仅证明最后一条，其余的证明都很简单）由式（3.11）关于 m 求导可以得到：

$$c'_{tm} = \mathrm{e}^{\frac{1}{m}\ln(l_{it}p_{it})}\left[\frac{1}{m}\ln(l_{it}p_{it})\left(\delta_i - \frac{1}{m+1}\right) - \frac{1}{(m+1)^2}\right]\varphi c_i$$

由式（3.6）和式（3.7）知：$l_{it}p_{it} = q^m \leq 1$，所以，$\ln(l_{it}p_{it}) \leq 0$；由条件式（3.12）知：$\delta_i - \dfrac{1}{m+1} > 0$，所以有 $c'_{tm} < 0$。

二、供给侧纵向技术创新下的经济增长

经济中有很多不同的产业，每一种产业部门有许多家类似的企业生产同一类商品，不同产业部门生产不可相互替代的不同的商品。每一种商品的生产部门内部的技术创新只能改进这类商品的品质和生产效率，但不会改变商品的本质功能和属性，因而，这种技术进步称为纵向创新［依据 Aghion 和 Howitt（1992）的质量改进型增长模型］。同时，假定经济中存在一个独立的基础知识和高等理论研究部门，这一部门除了培养各个部门所需的专业化劳动，还创新和开拓新理论领域，而这些新理论领域是形成不同于所有存在的商品类别的全新商品类的理论基础。实际上，我们遵照一种假设，即所有重大的创新都源于重大的基础理论的突破。我们将新产品类的创新称为横向创新［参考 Gancia 和 Zilibotti（2005）的横向创新增长模型］；为了简单起见，假定经济中只有从事基础研究者能够研发出横向创新，其他人才分散在不同产业中，或者进行生产活动，或者进行产业内的纵向创新。以下分别讨论纵向创新的发展。

任意代表性商品市场 i 的生产与纵向技术进步：假定市场上商品集如前，其中每一个商品 $i \in [1, 2, \cdots, J_t]$ 在一个独立的劳动市场中，按照规模性报酬，商品生产仅仅使用劳动和技术。进入 i 市场中的任意劳动者，有进入该市场所需的专业技术知识。在 t 时刻 i 市场中，有总数为 $l(i, t)$ 的工人进入该市场，用 $e(i, t)$ 表示 t

时刻 i 市场的实际就业数，则有

$$l(i, t) \geqslant e(i, t) \tag{3.13}$$

假定第 i 个市场上有许多家本质相似的企业，分别雇用进入这个市场的劳动者。每个企业都雇用研究人员进行研究，但每期只有首先获得创新的一家企业组织生产，雇用所有剩余的劳动者进行生产。设 i 产品生产仅需技术和劳动者，仿照 Gancia 和 Zilibotti（2005）采用简单生产函数 $y_{it} = A_{it}x_{it}$ 表示。A 表示技术，x 表示实际参加生产的劳动。

设 A_{it-1} 是 i 行业在 $t-1$ 期末的技术前沿，假定一次 i 产品生产技术的标准创新效率改进率为 $\gamma > 1$，即在 t 期首先实现改进创新的企业可以实现的技术为 $A_t = \gamma A_{t-1}$，这也将成为 t 期期末 i 部门新的可以共享的技术前沿（假定每一个专利只有一期垄断权）。因此代表性企业有

$$\log A_t = \begin{cases} \log A_{t-1} + \log \gamma, & \text{概率 } \mu \\ \log A_{t-1}, & \text{概率} 1 - \mu \end{cases} \tag{3.14}$$

其中，μ 表示该企业的创新概率，设研发劳动投入为 $z(i, t)$，创新发生概率为 $\mu = \lambda z(i,t)$[①]。则生产劳动人数为

$$x(i, t) = e(i, t) - z(i, t) \tag{3.15}$$

i 产业代表性企业生产最优化问题：（为了表述得简单，本节下面变量暂时都先去掉下标 i）。从 t 期开始，优先考虑代表性企业上期研发获得成功，从而获得本期生产权后的最优生产计划问题。代表性企业需要决定本期雇用劳动的使用计划，来确定利润流 π_t、产品产量和价格等。

$$\max \pi_t = p_t(y_t)y_t - w_t x_t$$

其中，w_t 表示工资；p_t 表示第 t 期产品 i 的价格。由式（3.11）得到第 i 产品的逆需求曲线为

$$p_t = \frac{1}{l}\left(\frac{\delta - \tilde{y}_t}{\tilde{\delta}}\right)^m$$

其中，$\tilde{y}_t \underline{\Delta} y_t / (\varphi c_i), \tilde{\delta} \underline{\underline{\Delta}} \delta - \dfrac{1}{m+1}$。

求解该优化问题，得到最优化条件：

$$w_t = \frac{A_t}{l_t}\left(\frac{\delta - \tilde{y}_t}{\tilde{\delta}}\right)^{m-1}\left(\frac{\delta - (m+1)\tilde{y}_t}{\tilde{\delta}}\right) \tag{3.16}$$

式（3.16）成立要求：$\dfrac{\delta}{m+1} > \tilde{y}_t$。这实际上意味着在最优解存在时，产品折

---

① 代表性企业研发成功的概率在本书中为简单起见定义为研发人员的线性函数。h 家企业都在研发，因而行业技术前沿转移概率是总的行业中研发人员的线性函数。

旧率越小，饱和率越低；收入差距越大，饱和率越低。由此可得企业利润函数：

$$\pi_t(w) = \frac{m\varphi c_i}{l_t \tilde{\delta}_m}[(\delta - \tilde{y}_t)]^{m-1}\tilde{y}_t^2$$

若 $m > 1$，在其他参数变量不变的情况下，上述利润有最大值点：$\tilde{y}_t = \dfrac{2\delta}{m+1}$。当 $\tilde{y}_t < \dfrac{2\delta}{m+1}$ 时，利润上升；当 $\tilde{y}_t > \dfrac{2\delta}{m+1}$ 时，利润下降，呈倒"U"形。当饱和度接近 δ 时，利润趋于 0。为了更细致分析产业生产行为，下面作简单化处理，取 $m = 1$，$\delta = 1$。由此可得

$$x_t = \frac{\left(1 - \dfrac{l_t w_t}{2A_t}\right)\varphi c_i}{2A_t} \tag{3.17}$$

式（3.17）需要在 $w_t < 2A_t l_t$ 时有意义，这意味着在一个新产业发展的初期，生产技术水平比较低，劳动收入也会比较低。

由此得到利润流：

$$\pi_t(w) = \frac{2\theta_i \bar{w}_t}{\varphi c_t^2}y_t^2 = \frac{\theta_i \bar{w}_t}{2}\left[\left(1 - \frac{l_t w_t}{2A_t}\right)\right]^2\varphi \tag{3.18}$$

由式（3.16）得到：

$$w'_{tA} = \frac{2}{l_t}(1 - 2\tilde{y}_t) = \begin{cases} > 0, & \text{当} \tilde{y}_t < 1/2 \\ < 0, & \text{当} \tilde{y}_t > 1/2 \end{cases} \tag{3.19}$$

其中，$\tilde{y}_t = y_t/\varphi c_i$，刻画了需求的饱和度。

由式（3.17）可得

$$x'_{tA} = -\frac{\left(1 - \dfrac{l_t w_t}{2A_t}\right)\varphi c_i}{2A_t^2} = \begin{cases} > 0, & \text{当} A_t < w_t l_t \\ < 0, & \text{当} A_t > w_t l \end{cases} \tag{3.20}$$

由式（3.18）得到：$\pi'_{tA} = \varphi c_i\left(1 - \dfrac{l_t w_t}{2A_t}\right)\dfrac{w_t}{2A_t^2} > 0,$ 当 $w_t < 2A_t/l_t$ 时。

这说明，每一个新生的行业，初期技术效率较低的时候，技术进步对于就业具有正效应，会促进产业工人就业；当技术进步达到一定的水平之后，更进一步的技术进步开始挤出就业。竞争的市场不会停止技术的研发（技术进步对企业利润具有正效应，否则将失去市场），因而，此后的市场行为将引发技术对劳动的替代。因而有如下结论。

结论 3.3：在产业发展初期，纵向的产业技术进步增加就业；当产业技术达到一定水平后开始挤出产业工人，降低就业。

研究部门的优化问题：对于单个的研究部门，设其投入要素为 z，目标为最大化预期的研究/创新效益流：

$$\lambda z_t V_t - w_t z_t \tag{3.21}$$

其中，V_t 表示 t 个创新的值；最优均衡问题为选择参加研究的技术型劳动 z_t。

考虑创新价值的估计，应当注意的一点是，对于当前创新垄断者来说，下一个创新的发生不是一件好事，因此，他不会投资下一个创新，至少投资下一个创新的动力不如其他公司强烈。因为，我们假设所有新技术创新都可以无条件以当前创新技术为基础，因此，对所有公司而言，新创新起点都是相同的。在这样的情况下，当前创新者进行下一轮创新的价值是 $V_{t+1} - V_t$，显然小于其他研发者的价值 V_{t+1}。因而价值 V_t 由外部公司对于 t 个创新所产生的垄断利润流 π_t 的期望折现值决定，即

$$V_t = \frac{\pi_t}{r + \lambda z_t} \tag{3.22}$$

求式（3.19）的最优问题，可以得到最优的研发劳动投入：

$$z_t(w) = \frac{1}{\lambda}\left[\left(\frac{\lambda r \pi_{t(w)}}{w}\right)^{1/2} - r\right] = \left(\frac{r\varphi c_i}{2\lambda l_t w_t}\right)^{1/2}\left(1 - \frac{l_t w_t}{2A_t}\right) - \frac{r}{\lambda} \tag{3.23}$$

由此可得纵向技术进步增长率：

$$g_A(w) = \frac{A_{t+1}}{A} - 1 = \frac{[\lambda z_t r A_t + (1 - \lambda z_t)A_t]}{A_t} - 1 = (r-1)\lambda z_t \tag{3.24}$$

由式（3.15）、式（3.17）和式（3.24），可得 i 产业的劳动均衡方程：

$$z_t(w) + x_t(w) = e_t \tag{3.25}$$

其中，e_t 表示 i 产业 t 期的实际就业数据。式（3.25）体现了 i 产业劳动市场供给与需求的均衡关系，均衡的结果决定 i 行业在该期实际的劳动工资数 w^*。

由此有均衡工资率的确定方程：

$$\left[\left(\frac{r\varphi c_i}{2\lambda l_t w_t}\right)^{1/2} + \frac{\varphi c_i}{2A}\right]\left(1 - \frac{l_t w_t}{2A_t}\right) = e_t + \frac{r}{\lambda} \tag{3.26}$$

式（3.26）表明，i 行业 t 期劳动工资指数 q 与实际就业数据 e_t、利率 r，以及该行业技术水平 A_t 都有直接的关系。当然也同总人口密度数 φ、人均绝对饱和需求数 c_i、效用强度 θ_i，以及研发创新概率参数 λ 等有关系，但目前我们最关注的是三个变量。由式（3.26）可得

结论 3.4：$w_{t'e}^* < 0$，$w_{t'A}^* \begin{cases} > 0, & w_t^* > A_t \varepsilon_t / l_t \\ < 0, & w_t^* < A_t \varepsilon_t / l_t \end{cases}$，$w_{t'\varphi}^* > 0$

其中，$\varepsilon_t = \left(\sqrt{1 + \dfrac{A_t r l_t}{8\lambda\varphi c_i}} - \sqrt{\dfrac{A_t r l_t}{8\lambda\varphi c_i}}\right)^2 = \begin{cases} 1, & A_t \to 0 \\ 0, & A_t \to \infty \end{cases}$，$\varepsilon_{tA}' < 0$，$\varepsilon_{t\varphi}' > 0$。

　　结论表明：第一，假定在一个新生的行业，起初从事该行业的专业劳动会比较少，但随着从事该行业的劳动增加，行业平均收入会逐渐下降，这是基本符合实际的；第二，行业纵向技术进步对于行业劳动收入的影响是分段的，初期是正效应（即当技术水平较低时，劳动收入较高），但随着劳动人数的增加，劳动收入会下降。与此同时，技术水平不断提高［式（3.24）］，终将达到反转水平，即形成负效应。这一结论与式（3.19）表示的局部均衡关系一致。

　　由式（3.16）、式（3.24）及以上分析，图 3.2 描述了均衡劳动收入与行业技术进步的长期动态关系。

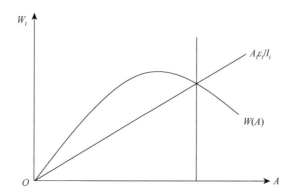

图 3.2　代表性行业 i 中均衡劳动收入与行业技术进步的长期动态关系①

　　劳动收入的倒 "U" 形长期动态关系决定了行业产出周期的基本态势。技术进步如式（3.22）所示是持续增长的，但技术进步的持续增长就足以引致劳动收入的长期动态关系的逆转，劳动收入的持续下降引致劳动供给的减少，至少是造成该行业劳动供给不增长。产出的动态本质决定于技术效率和劳动参与率，劳动供给在本书中没有设定内生机制，但传统的理论和基本的常识都指向劳动供给与工资存在正相关关系。为简单起见，我们假定劳动工资与劳动供给是线性正相关关系：$e_t = \mu w_t$，则劳动供给的增长率必与工资一样是倒 "U" 形的，且有同向的周期关系。由于我们假定劳动市场总是出清的，即工资会自动调节使供给与需求相等。因而：

$$g_e = g_w(w) = \begin{cases} > 0, & \dfrac{w}{A} > \varepsilon / lt \\ < 0, & \dfrac{w}{A} < \varepsilon / lt \end{cases} \qquad (3.27)$$

　　① 可以实证考察电器行业劳动实际收入/总体社会平均劳动收入的比值随时间（替代技术进步）的动态变化趋势，同时可以考察市场规模大小的影响。

假定所有函数连续且可微，形态足够完美光滑，经济动态过程中任意点处的局部小邻域内可以近似看作一个瞬时的平衡增长的过程，这样在时刻 t 的邻域内有 z_t 和 x_t 都近似为 e_t 的线性函数，此时有：$g_x = g_z = g_e$。进而有

$$g_y = g_x + g_A = (\gamma - 1)\lambda z_t + g_x \tag{3.28}$$

当 z_t 是约束于 e_t 的 w_t 的函数，服从倒 "U" 形特征，由式（3.20）g_x 服从倒 "U" 形特征的分段函数，总之 g_y 会服从近似倒 "U" 形关系。但由于 z_t 是持续大于 0 的，因而，产出的动态会表现为持续的长长的尾巴，如图 3.3 所示。

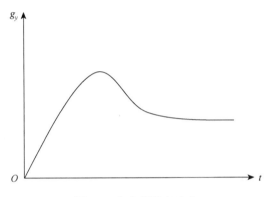

图 3.3　产出增长率动态

因而，一个新生的产业对总体经济增长的贡献期只在其产出上涨的阶段。一旦到达顶峰，就不再有增长率的贡献，此后生产仍会继续，就业需求仍会存在，但对增长率没有贡献，甚至是负的。这与行业是否创新无关，但与市场规模的大小有关。根据定义，人口规模参数 φ 越大，ε 就越大，图 3.3 中的直线就越陡峭，产业平均增长率就越高，总的增长贡献也就越大。

社会总产出动态：假定当前市场上全部的产品类是确定的 J_t 个。如果这些已有的产业是匀速有序出现的，而且假定所有产业的产出周期动态规律是全型相似的，则有如图 3.4 所示的特点，存在多个相同周期变化特征的产业，且随时间均匀产生。这些产业叠加后形成的经济总产值的周期动态在图 3.5 用粗线表示，是一个均匀稳定、有微小波动的、持续增长的情形。

当然，在现实中，不同产业的周期不同，产生的时间也是随机的，因而，实际的总量经济的周期动态不会那么均匀、持续上升，而是会存在不同的周期波动幅度和不同的周期长短。当数个产业密集产生就会形成较大的叠加增长效应，表现为一个持续时间较长、幅度较大的上升周期的发生；当某个阶段新产业发生较稀疏，则总经济周期就会进入一个低谷，表现为一个萧条的阶段。

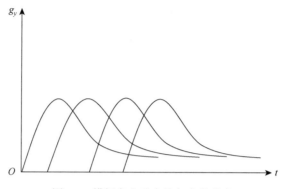

图 3.4　模拟产业动态均匀交叠状态

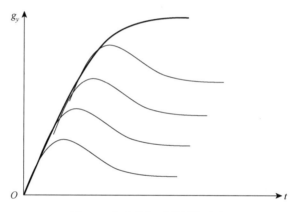

图 3.5　产业叠加后总经济动态

　　图 3.6 是将图 3.5 中产业发生的时间进行调整所得，*OA* 阶段是密集区形成的持续较长的增长周期；*AB* 阶段是在创新产业发生后的较长一段时间的地方形成

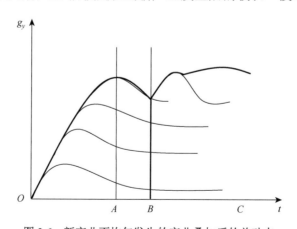

图 3.6　新产业不均匀发生的产业叠加后的总动态

一个巨大的萧条阶段；BC 阶段是一个低速增长阶段。由此可以推知，长期可持续的增长依赖于持续的新产业的创新发展，没有新的产业出现，局部和总体的经济增长就会停滞。

为了考察长期可持续增长的规律，需要考虑进行一些必要的近似处理。图 3.6 中代表性产业周期动态中只有第一个阶段是增长的，如图 3.7 中，Ob 阶段增长，此后负增长或不增长。Ob 部分的弧线过程是由最初的高增长逐渐到 b 点处零增长。为了做一个简单、完美的近似，连接 Ob 直线，将整个增长过程近似为沿着直线的匀速增长，同时必然存在一个水平线 ad，使得 ad 下面的面积近似等于 b 点之后的曲线部分的面积，即用 ad 直线近似 b 点后的产业动态，相当于将波动的产业周期用"匀速增长阶段 Oa + 水平稳定零增长阶段 ad"来替代。

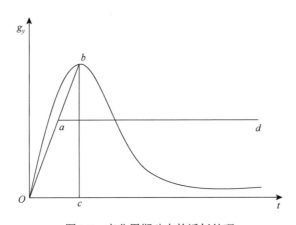

图 3.7　产业周期动态的近似处理

近似后的社会总产出动态：如果将图 3.5 中所有产业动态作如上近似处理，然后叠加则有以下结果，如图 3.8 所示。

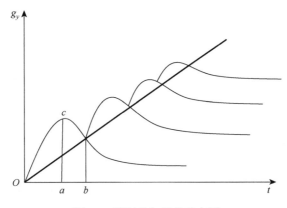

图 3.8　近似叠加后总动态图

为了计算总经济长期增长率，优先从理想状态出发，按照上面的假设，所有产业的增长动态是相似的，如图 3.8 所示，长期平均总增长率是粗线的斜率。因为假定了所有创新步长和增长周期长度都相同，平均增长率必经斜线部分和平线部分的中点。

设单个代表性产业的增长率为 g_i，即为 Oc 线的斜率，设单个代表性产业的增长期为 $Oa = t_i$；设每个新产业发生的时间长度为 $Ob = \text{tt}$。则有

$$ac = t_i \cdot g_i$$

从而，粗线斜率，即

$$\text{总经济增长率} = ac/Ob = t_i \cdot g_i / \text{tt} \tag{3.29}$$

因此得出：

结论 3.5：长期经济增长率与代表性产业增长率 g_i 和增长期 t_i 正相关、与新产业发生间隔时间长度 tt 负相关。

当 $t_i = \text{tt}$ 时，总经济增长率等于代表性产业增长率，如图 3.9 所示。这是一种理想情形，即一个创新产业增长周期结束恰巧一个创新出的新产业开始，总经济增长率就等于代表性产业的增长率。

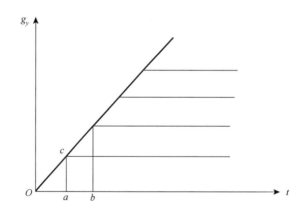

图 3.9　创新周期长度与产业增长波时长相同情形下的总动态

图 3.10 代表产业增长周期重叠的情形，这是现实中常见的情形，在这种情形下，经济总增长率高于单个产业的增长率。计算公式仍可使用式（3.29），只是此时，$t_i > \text{tt}$。

产业增长周期的决定机制：直观来看，代表性产业 i 的增长上升期的决定因素，显然有市场规模、技术进步水平、劳动力供给增长率等。但这一问题超越了

本书的研究计划，我们留到以后研究或留待其他感兴趣的学者。这样我们需要聚焦新产业产生的频率问题。

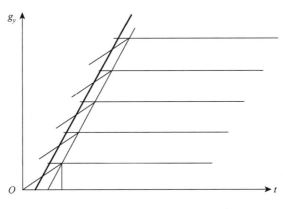

图 3.10　创新产业增长周期重叠的情形

三、供给侧横向技术创新下的经济增长

假定只有基础知识的积累和重大突破才能促使横向创新型产品的形成。实际上人类重大的科学技术进步无不以基础科学理论的重大突破为基础。干中学和应用型科学研究能够改进纵向的产品质量，可以提升同类产品的效率，但一般很难形成全新领域的突破。作为理论性研究，我们假设横向创新的产生需要严格依赖基础性科学技术人才，即新产品的生产需要依据相关理论知识为基础，但仅有理论知识并不能直接形成新产品的生产能力。基于这一思想，我们关于基础知识和横向创新发生的机制大体采用阿罗（Arrow）、英特里利盖托（Intriligator）在《经济增长手册》中的处理办法。设基础知识增长方程[①]：

$$\dot{B}_t = \delta B_t L_t \tag{3.30}$$

其中，$\dot{B}_t$ 表示基础知识增长率；δ 表示参数；B_t 表示基础知识量；L_t 表示研究人员就业数。

现实世界中，新知识的积累来源于基础性研究人才的突破性的基础知识研究贡献（一般基础性贡献是公开发表的）。在实际中，新知识的增量积累达到一定的标量，才会有一个新产品类被创新出来，不同的新产品所需要的新知识积累量是随机而且相互不同的。

为理论研究的便利，假设每一个新产品类的初始产品创新都需要标准新增知

---

① 这一假设引用了《经济增长手册》第三章中横向技术进步的刻画方法。

识量增长一倍①，则第 t 期是否有新产品类创新出来，或有多少新产品类创新出来，取决于新知识投资量的多少。将式（3.30）改写成离散型方程为

$$B_{t+1} = B_t + \delta B_t m_{t+1}^{\alpha} \qquad (3.31)$$

基础知识是公共的，需要社会公共投资规划，基础知识教育和基础知识人才队伍培养是基础知识创新发展的保证，需要社会公共支出供给，所以虽然假设基础知识创新是新产品类的生成基础有一定苛刻性，但从长期总体发展历程观察，并不失实。因重点在于理论的探讨，所以，这样的划分有利于简化分析和厘清内在的逻辑关系。

每一种新产品的基础理论突破以后，专门从事应用研究的部门可以以此为基础展开各自新产品的开发研究，这一过程就进入纵向创新的程序了，前面已讨论。这里仍聚焦基础理论的创新发展过程。由式（3.31）可得 $g_{Bt} = \delta m_t^{\alpha}$，从而一次标准创新所需要的时间为

$$tt = 1/(\delta m_t^{\alpha}) \qquad (3.32)$$

假定社会计划者服从基础研究投入的规则：保持稳定的财政收入的基础部门投入比例为 ρ，财政收入是总产出的线性函数，因而可以直接有

$$m_{t+1} \leqslant \rho y_t + \tilde{\varepsilon}_t \qquad (3.33)$$

其中，$\tilde{\varepsilon}_t$ 表示基础研究政策扰动，服从长期宏观经济调节规则。由于人才培养有巨大的时间滞后，因而，t 期的投入只能到 $t+1$ 期才能形成实际可用劳动。因此，可得

$$tt = 1/[\delta(\rho y_t)^{\alpha}] \qquad (3.34)$$

四、经济增长路径分析

假定社会计划者的目标是使长期可持续的均衡增长率持续最大，并能够通过激励政策措施进行劳动资源的初始配置。为了简便起见，我们把所有的横向创新都看作是匀质的，即虽然所形成的新的产品类有完全不同的功用，但人们的偏好强度对所有的产品类相同，在这样的假设下，社会给所有商品类的劳动配置也是匀质的，这样才能形成平衡增长均衡的状态。在平衡增长均衡的状态下，已经饱

---

① 如此，式（3.30）中隐含了每个新产品类所需要的劳动累计投入为 $1/\delta B_t$，因而本质类似于原文思想。

和的产业持续的纵向技术进步带来的效率改进恰巧补偿劳动者的退出所带来的产能下降效应，从而维持该产品生产恰好等于总需求。这样实际上当期新生劳动会全部配置在基础部门和新生的产品类部门。这是一种为了便利研究而假设的极端理想的状态，但其效果是等价于实际的长期平衡增长均衡的一般化状态的。这样每期社会计划者总的劳动分配只需要在基础部门和新增行业之间进行。假定 t 期社会总劳动基数为 L_t，新增劳动比率为 v_t（实际上新增的劳动不可能全部分配到新行业或基础研究部门，会有大量无效劳动，即未受高等教育的劳动，这些不可能成为新技术劳动或基础科研人员，因而这里定义此比率已经包含了对此因素的考虑，即相当于 $v_t = v_{1t}v_{2t}$，v_{1t} 表示新增劳动比率，v_{2t} 表示新增劳动中受高等教育的比率）。于是有每期新增劳动的分配约束方程：

$$m_{t+1} + e_{t+1} \leqslant v_t L_t \qquad (3.35)$$

则社会计划者最优问题为

$$\max_{\rho}\left(\frac{t_i \times g_A}{\mathrm{tt}}\right) = l_1 z(e_{t+1}) m_{t+1}^{\alpha}$$
$$\text{s.t. } e_{t+1} + m_{t+1} \leqslant v_t L_t; \ m_{t+1} \leqslant \rho y_t$$

其中，$l_1 = t_i(\gamma - 1)\lambda\delta$。

求解上述问题有最优政策规则方程：

$$\rho = \alpha z(e_{t+1}) / [z'(e_{t+1}) y_t] \qquad (3.36)$$

假定中央政府在平衡增长路径上政策规则稳定，即有最优政策规则：

$$\rho^* = \alpha g_A^{-1} / y^* \qquad (3.37)$$

其中，应用了 $g_A = g_z = z'(e_{t+1}) / z(e_{t+1})$，$y^*$ 表示均衡潜在产出水平。

由此有最优横向技术增长率：

$$g_B^* = \delta\alpha^{\alpha} \frac{1}{g_A^{\alpha}} \qquad (3.38)$$

结论3.6：假定"理性有为"的政府采取稳定的最优规则性政策 $\rho^* = \alpha g_A^{-1} / y^*$，则最优横向技术进步率与纵向技术进步率存在"互偶"关系：$g_B^* \times g_A^{\alpha} = \delta\alpha^{\alpha} =$ 常数近似的平均长期经济增长率 $t_i \times g_A^* \times g_B^* = t_i \times g_A^{1-\alpha} \times \delta\alpha^{\alpha}$。

结论表明在政府采取最优规则性政策的情形下，有限的社会最优资源配置可以自动实现，纵横向技术进步呈现稳定的互偶关系，这种状态表明了资源配置具有完全等价的效应，因而实现了最优效率的状态，反过来也说明这样的规则性政策是最优的。

但这种最优的规则并不代表经济是自动平稳的，实际上隐含了潜在的内生周期的可能性。当横向技术进步积累到一个从量变到质变的转换时刻，一个产品类被创新出来，于是社会资源开始聚集到这个领域，形成新产业。这个新产业的纵向技术发展速度不断提升，新的一波经济增长开始启动，这时横向技术进步率会因为资源流失而下降。但随着新产业的发展逐渐进入或接近饱和期，市场需求开始下降，前瞻性的私人部门开始减少该产业的投入，资源又会慢慢回流到横向研究部门。这是一个新的横向技术进步率 g_B^* 开始上升的阶段，直到横向知识的积累达到激发下一个新的产品类。

式（3.34）可以改写为 $\Delta\rho^* = \Delta\alpha - \Delta g_A - \Delta y^*$，由此可以更清晰看出，最优政策规则的影响因素和机制：产出水平的增长和纵向技术进步率的提升都会形成对基础研究投入比例的替代效应，而基础研究的产出贡献弹性的增加则会提升基础研究部门的投入比例，呈补偿效应。这一结论符合一般规律，也能够进一步补充解释长期经济的潜在的内生周期波动的机制：当新产业横向技术进步较高以及形成的产出增长率较高时，社会资源更多地集中到实际应用性研究和生产部门是整体最优的；当横向技术进步有限以及产出增长下降时，基础研究投入的增加有利于促进新产业的形成，因而基础投入的增加对总体最优。

长期经济增长率取决于三个方面：①决定每一个新生产业增长期的长短的因素；②产业纵向技术增长率；③基础研究劳动的产出弹性参数和创新贡献率参数。其中，纵向技术进步只有短期效应，决定机制为市场行为；纵向技术进步和产业增长期取决于社会计划机制。

结论 3.7：在 $\alpha = 1$ 时，存在对称互偶关系：$g_B^* \times g_A^\alpha = \delta$，此时经济均衡长期增长率为 $t_i \times g_A^* \times g_B^* = t_i \times \delta$。

在此极端情况下，长期经济增长率几乎完全取决于产业增长期的长短，以及基础知识积累率参数 δ。但这两个方面的影响因素都属于微观基础层面，经济中相关的制度和政策是影响这两个因素的关键，其中产业政策和国际贸易政策是决定产业增长期的主要因素。

第三节　本　章　小　结

在有限需求理论模型中，基于产业周期叠加的机制，区分了技术进步的不同类型，不同结构产生不同的效应，横向知识积累形成新产品种类自身的离散特征，决定了横向技术进步是点射性激发态，这一特征具有随机性和趋势性。模型具有内生机制：纵向技术进步（产业内部）不能增加产出，但会引致收入差距的扩大；横向技术进步（新产品创新）能够增加需求，促进经济增长。财富收入差距的程度决定产品的市场总需求，差距越大，总需求越低。在收入结构确定的市场中，收入不平等的加剧将引致总需求有限，形成大多数产业发展的终极限制。因此，收入不平等对社会总体有效需求存在重大的影响作用。这一机制的引入补充了RBC理论外生冲击的不足，使得技术进步冲击成为内生性行为，而且基于横向产业增长叠加机制可以很好地解释中期周期波动的特征。因而，本书解决了传统RBC类模型的一般性问题，即依赖外生技术进步冲击解释周期性波动。本书通过需求侧的有限性特征、供给侧的产业发展以及经济增长相结合的研究，对中国执行双循环政策、实现"十四五"规划蓝图以及防范经济危机和滞胀问题具有较强的参考意义。

第四章　收入不平等、需求有限性与经济增长

　　本章基于需求有限性假设，探究收入不平等对扩大内需的影响机制与效应。在上一节的经济模型中采用家庭收入结构性参数值的大小表示收入不平等程度，发现家庭收入不平等程度越大，家庭收入结构性参数值越大，居民需求消费增长率越小，这区别于传统基尼系数法测度收入不平等程度。通过 WID（World Inequality Database，世界不平等数据库）收集 40 个国家 2000～2019 年跨国面板数据，并利用不平等数据模拟出各国家庭收入结构性参数，进一步设定为核心解释变量进行实证分析，发现收入不平等程度与居民消费需求增长率存在显著的负相关性，收入不平等程度的加剧会抑制居民消费需求的增加，与理论模型结论一致。本章通过收集中国财富不平等的时间序列数据，对比分析了财富不平等与收入不平等的程度以及变化趋势。这方面的研究对于执行"双循环"的内需发展、实现共同富裕目标以及破解经济增长衰减或停滞问题具有重要启发意义。

第一节　收入不平等对扩大内需的抑制效应研究

一、理论模型与作用机制

　　借鉴和参考马斯洛的需求层次理论的逻辑思路，并应用于现实经济社会下居民家庭或个人的实物需求，可以将需求分为生存需求、便利需求和享受需求。第一层次的需求为生存需求。生存需求是人类生产活动中最基本和首要的需求，其中包括满足生存的必需品如衣服、食物、住房及生活日用品等，人们只有在满足这一类需求的基础上才可能考虑更高层次的需求。第二层次的需求为便利需求，在满足温饱的情况下，为进一步满足于生产活动的便利和生活的质量提高而产生的需求，如果没有也不会过多影响正常存活，如彩电、冰箱、洗衣机和汽车等，对于这类产品人们必须满足于生存需求后才会考虑。第三个层次的需求可以称为享受需求，如奢侈品、私人飞机和豪华游艇等，这类产品需求量很少且仅限于极高收入群体，大部分居民家庭因财富约束而无需求。然而，在传统宏观经济学模型效用函数的设定中，消费品的需求通常不进行细分而是加总为一篮子产品的总需求。按照传统效用函数中消费的设定，默认各居民家庭或个体对产品的加总需求是无限增长的。在现实经济社会中，人们对产品的需求存在着显著的顺序区分

和上限。就我国经济不同发展阶段而言，新中国成立至改革开放人们主要的需求处于初级阶段的生存需求，几乎全部家庭的主要需求方面仅是满足于基本生活的需求。改革开放以来，居民家庭的主要需求方面是对生活便利品和中高端奢侈品需求的增加。以下部分将设定人们对不同产品的偏好和需求状态，进一步分析收入不平等的加剧如何导致需求有限性的存在。

参考陈昆亭和周炎（2021）"有限需求"理论模型假设。假定社会市场上存在互不替代的可数产品种类集（横向创新产品的多样性）$N = \{1, 2, \cdots, n\}$。在 t 时期，市场经济中已经发明并可以生产的产品集为 $N_t = \{1, 2, \cdots, n_t\}$。假定每一种产品都将随时间的推移达到有限的饱和需求水平。t 时期的经济社会中存在不同效用的 n_t 种产品，消费者依据"刚性"排序对不同产品进行消费，伴随着市场不同的消费不断产生，消费者依次消费"刚性"逐渐衰减的产品。其需求层次和偏好如上述分析的规律，首先食品、衣服、洗化用品等需求应是最先满足的；其次就是便利产品，如家用电器和汽车等产品，这类产品能够满足生活便利及在一定程度上提高生活品质，但其"刚性"低于基础性的衣食需求；最后则是对高端奢侈品的需求，如名贵手表、高价皮包、私人飞机、豪车、游艇等。消费者的需求"刚性"在这几类产品的需求消费中逐渐递减。因此，假定其权重逐渐变小。

$$\theta_1 > \theta_2 > \cdots > \theta_{n_t} \tag{4.1}$$

假定社会经济中的人们都具有基本相似的偏好倾向且是理性的，即所有人对不同产品偏好的排序基本一致。具体地有

假设 4.1：对任意 $i \in N$，社会经济中所有个体存在同等的需求饱和水平 c_i。

假设 4.2：对任意 $i \in N$，社会经济中所有个体存在相同的偏好倾向 θ_i，及顺序（4.1）。

假设 4.3：对任意 $i \in N$，社会经济中所有个体存在相同的单一产品的分段偏好函数：

$$u(c_{it}) = \begin{cases} \log c_{it}, & c_{it} < c_i \\ \log c_i, & c_{it} \geqslant c_i \end{cases}$$

以及相同的总偏好函数： $U(C_t) = \sum_{i=1}^{n_t} \theta_i u(c_{it}) \tag{4.2}$

假设社会经济中含有结构相似并有限的 K 个家庭，各家庭均具备一位代表性劳动者，单位时间禀赋为 1 且均相同。不同的产业中的劳动因专业不同不能流动，因此，若要离开本行业而进入其他行业的劳动者必须重新学习对应的专业技能知识。这一结果决定了工人工资水平与其所从事的行业密切相关。

为了方便讨论，假定在经济社会中考虑一个没有失业的情形，以下模型推论中将削弱或熨平这种强约束假设的设定。考虑代表性家庭的最优选择问题：

$$\max \sum_{t=1}^{\infty} \beta^t u(c_t)$$

$$\text{s.t.} \sum_{i=1}^{n_t} P_{it} c_{it} + S_{t+1} = S_t(1+r_t) + w_t^q \tag{4.3}$$

其中，P 表示价格；S 表示储蓄；r 表示利率；q 表示家庭劳动的收入层次；w_t^q 表示家庭收入在 q 层次水平的工资收入。

上述问题有最优解方程：

$$\theta_i u'(c_{it}) = \lambda_t P_{it}, \quad i = 1, 2, \cdots, n_t \tag{4.4}$$

$$\lambda_t = \beta \lambda_{t+1}(1 + r_{t+1}) \tag{4.5}$$

$$c_{it} = \frac{1}{\lambda_t} \cdot \frac{\theta_i}{P_{it}}, \quad i = 1, 2, \cdots, n_t \tag{4.6}$$

由式（4.5）和式（4.6）得到，

实际上，未达到饱和的家庭在均衡时的收入将全部用于产品的消费，因此：

$$w_t^q = \sum_{i=1}^{n_t} P_{it} c_{it} = \frac{1}{\lambda_t} \sum_{i=1}^{n_t} \theta_i = \frac{1}{\lambda_t} \tag{4.7}$$

于是可得

$$c_{it}(q, \theta_i, P_{it}) = w_t(q) \frac{\theta_i}{P_{it}} \tag{4.8}$$

因此，对任意 $i \in N$，$\dfrac{\mathrm{d}c_{it(q, \theta_i, P_{it})}}{\mathrm{d}q} > 0$，$\dfrac{\mathrm{d}c_{it(q, \theta_i, P_{it})}}{\mathrm{d}\theta_i} > 0$，$\dfrac{\mathrm{d}c_{it(q, \theta_i, P_{it})}}{\mathrm{d}P_{it}} < 0$。

上述分析可得以下结论：消费者对任意产品的消费需求与自身的收入水平正相关，与偏好倾向正相关，与产品价格负相关。这一结论与传统经济增长理论的一般性结论相同，揭示了需求的一般规律。

在完全竞争市场的假设下，$c_{it} = w_t(q) \dfrac{\theta_i}{P_{it}} \overset{\Delta}{=} w_t(q) \tilde{\theta}_i$，其中，$\tilde{\theta}_i \overset{\Delta}{=} \dfrac{\theta_i}{P_{it}}$，为产品 i 的"性价比"，$w_t(q)$ 表示由收入层次 q 决定的工资水平，因此，工资水平 w_t 是收入层次 q 的函数，即从业者的学历水平、职业选择和技能水平等方面界定。效用权重 $\tilde{\theta}_i$ 决定了居民家庭对产品的需求量，同时产品需求带给居民效用的大小严格按照 $\tilde{\theta}_i$ 排序。定义对于任意 i，存在 $q^*(i)$ 恰好满足：

$$c_i = w_t(q) \tilde{\theta}_i \tag{4.9}$$

或者等同于定义 $q^*(i)$ 为满足 $c_i = w_t(q) \tilde{\theta}_i$ 的临界水平。

根据上述推论，在市场中消费者对任意不同产品 i 的需求是关于 q 的单调增函数，在假设 4.2 下的所有消费者存在相同的需求饱和水平，因此，满足任意 $q < q^*$，$c_{it}(q) < c_{it}(q^*) = c_i$。同时，满足任意 $q > q^*$，$c_{it}(q) = c_{it}(q^*) = c_i$。进一步，第 i 种产品的总需求函数 C_{it} 正是 $q^*(i)$ 的函数，$q^*(i)$ 越大，表明社会中的消费者平均收入水平越高。设 $\varphi(q)$ 为 q 型家庭的人口密度分布函数，假定分布为均匀分布，则有 $\varphi(q) \equiv \varphi$，这样参数 φ 实际上代表了人口总规模大小，也表达了市场规模的大小。定义家庭收入函数：

$$w_t(q) = q_t^m \overline{w}_t, \quad \forall q \in [0,1] \tag{4.10}$$

其中，$\overline{w}_t$ 表示平均工资水平，之所以引入 $\overline{w}_t$，旨在用 m 值来表示家庭收入结构的扭曲程度即收入不平等程度，且平均工资水平 $\overline{w}_t$ 也将熨平前提假设中不存在失业情形的误差。

收入水平差异的来源很多，如个人能力、运气机遇、从事产业的不同都可能造成很大的差异。基于同等学历的劳动者之间的收入差异的观察更多的来自行业的不同。在此我们重点关注于收入不平等的家庭需求所持有的水平。首先需要对这一差异进行测度，因而在此将 q 变量设定为描述劳动收入差异性的指标量，假定经济中所有劳动者在能力和地缘机会方面没有任何差异，若行业与行业之间不存在差异性，则全部劳动者的工资收入水平均是相同的 $\overline{w}$，但现在引入了劳动收入差异，因此通过 q 来刻画劳动者收入的不同。现实经济中的实际收入不平等特征正如图 4.1 和图 4.2 所示，呈现出显著的高阶幂函数的趋势特征，为了充分贴近实际，引入 m 作为刻画不同行业间劳动者收入结构性特征的参数。很显然，当 $m = 1$ 时，q 呈现出一个线性函数的变化趋势，当 $m = 2$ 时，q 呈现出一个指数型变化趋势，当 $m \geq 4$ 时非常接近图 4.1 和图 4.2 所体现的实际的收入结构的差异形态。

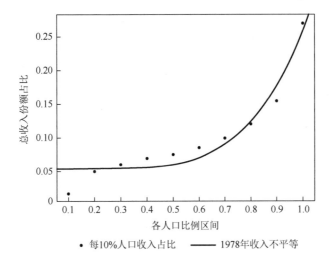

图 4.1 1978 年中国家庭收入不平等分布

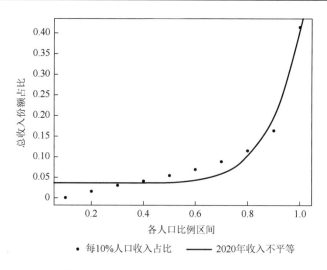

图 4.2　2020 年中国家庭收入不平等分布

通过 WID 收集中国 1978～2020 年收入不平等数据，借助 MATLAB 软件中的 CFTOOL 工具箱，并采取 POWER 的二阶项处理方法，定义函数方程中的幂指数作为家庭收入结构性参数 m，因此，m 值表示收入不平等程度。利用上述计算方法进一步分析得出 1978 年和 2020 年的家庭收入结构参数模拟如图 4.1 和图 4.2 所示，并测算出 1978 年和 2020 年中国家庭收入结构参数值分别为 $m = 4.86$ 和 $m = 7.91$。数值计算中采取同样的模拟和取值方法，因此，不会产生较大的偏离误差。

改革开放至今，经济快速发展的同时收入水平差距也逐渐拉大，特别是收入份额最高的前 10% 人口收入的变化，由 1978 年收入不足 30% 的份额增至 2020 年收入超过 40% 的份额。为比较不同国家在不同时期的财富不平等程度，借鉴和引用 Piketty（2014）和 Alvaredo 等（2016）相关研究综合后对财富的定义，此定义的选取使得财富水平指标具有一致性。由于上述研究中所选取的财富水平的定义与 WID 上发表的财富不平等数据序列所遵循的定义具有一致性，本书中对财富不平等的描述更加具有精准性。

收入不平等直接影响财富的积累从而引致财富不平等效应。以下通过数据和图表的方式来说明和对比财富不平等与收入不平等的份额分布。通过 WID 收集中国 1978～2020 年财富不平等数据，图 4.3、图 4.4 中横轴以 0 为起点，0.1 表示 0～10% 人口的收入占总财富或总收入的份额，0.2 表示 10%～20% 人口的收入占总财富或总收入的份额，以此类推。通过图 4.3 发现，从 1978～2020 年大约以 90% 的人口比例为分界点，90% 以下的居民家庭收入占总收入的份额逐渐下降，而 90%～100% 区间的居民家庭收入占总收入的份额逐渐增大，因此，可以推论中国近 40 年的收入不平等程度正在逐步加深。在模型中进一步对 1978 年、1988 年、1998 年、

2008 年和 2020 年家庭收入结构参数进行模拟，其 m 值分别为 4.86、4.93、5.89、8.48 和 7.91。除 2008 年受金融危机冲击较为特殊外，1978～2020 年的 m 值逐渐增大，表示收入不平等逐渐增大。通过 1978～2020 年财富不平等数据得到图 4.4 并显示财富不平等也将服从于收入不平等一致变化趋势，相比于收入不平等程度，财富不平等程度更大。

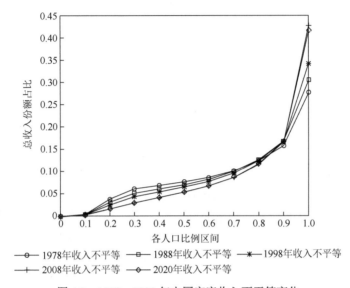

图 4.3　1978～2020 年中国家庭收入不平等变化

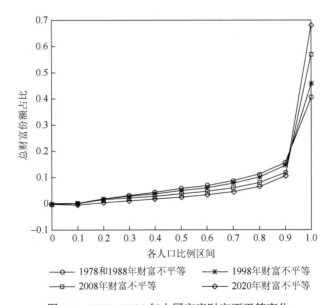

图 4.4　1978～2020 年中国家庭财富不平等变化

对于任意代表性产业 i，社会经济中的居民家庭对 i 产品的总需求存在两种情形，一种家庭是对大部分产品的需求已经达到饱和，只承担已购买产品的折旧部分的需求消费，对于粮食、肉类等易腐性产品可设定折旧率为 100%；另一种家庭对于大部分产品的需求处于非饱和需求状态，但会伴随家庭收入水平的提高而不断增加消费需求。因此，加总不同收入水平的家庭总需求方程如下：

$$c_t(i) = \int_0^{q^*(i)} \varphi w_t(q) \tilde{\theta}_i \, \mathrm{d}q + \int_{q^*(i)}^1 \varphi c_i \mathrm{d}q \delta_i$$

$$= \phi \tilde{\theta} \int_0^{q^*(i)} w_t(q) \, \mathrm{d}q + \varphi c_i (1 - q^*(i)) \delta_i \qquad (4.11)$$

$$= [\delta_i - \left(\delta_i - \frac{1}{m+1} \right) (l_{it} p_{it})^{1/m}] \varphi c_i$$

其中，$l_{it} = c_i / (\bar{w}_t \theta_i)$。隐含有意义的条件为

$$\delta_i > \frac{1}{m+1} \qquad (4.12)$$

在此隐含条件下表明了这里所研究的产品不包含折旧率极小的产品，由于当一种产品的折旧率极低时，该产品将具备储存功能和价值，因而也就具备了金融功能，在此不属于本节研究之内的范畴，换言之，本节研究仅包含非耐用品和折旧率较大的产品类别。在现实经济环境下，大部分产品的年度折旧率大于 30%，而大多数日常消耗的年度折旧率甚至达到 50% 以上，100% 的折旧率则为易腐性的食物产品。一般需求的主要部分包括了食物产品和日常消耗品。

上述分析得出结论：代表性产品 i 的社会总需求与市场规模 φ 成正比、与饱和需求水平 c_i 正相关、与价格水平 p_{it} 负相关、与社会平均收入水平 $\bar{w}$ 以及产品效用权重参数 θ_i 正相关；与家庭收入结构性参数 m 负相关（即收入差距越大，总需求越小）。

在此仅证明社会总需求与家庭收入结构性参数 m 负相关。由式（4.11）关于 m 求导可以得到：$c_{tm}' = e^{\frac{1}{m}\ln(l_{it}p_{it})} \left[\frac{1}{m} \ln(l_{it}p_{it}) \left(\delta_i - \frac{1}{m+1} \right) - \frac{1}{(m+1)^2} \right] \varphi c_i$。由式（4.6）和式（4.7）可得 $l_{it} p_{it} = q^m \leqslant 1$，所以，$\ln(l_{it} p_{it}) \leqslant 0$；由式（4.12）知：$\delta_i - \frac{1}{m+1} > 0$，所以有 $c_{tm}' < 0$。

综上分析：模型中用家庭收入结构性参数来表示收入不平等程度，并通过具体数据模拟出家庭收入结构性参数值的大小来表示收入不平等程度的大小。上述用每 10% 的收入占比来计算家庭收入结构性参数较为全面和准确，这区别于其他文献仅利用收入占比前 10% 或 20% 的数据来测度收入不平等的方法。最终通过模型推导出重要结论：家庭收入差距越大，结构性参数值越大，居民总体需求消费越小。

二、数据描述与分析

本节通过收集 40 个国家 2000～2019 年的跨国面板数据，揭示收入不平等程度变化对居民需求消费增长率之间的影响关系。本书所利用的有关收入不平等数据全部来源于 WID，宏观经济的控制变量相关指标是通过世界银行的 WDI（World Development Indicators，世界发展指数）数据库获取。在本节的研究中，首先，对核心解释变量、被解释变量及多个控制变量给出统计与描述；其次，计算 40 个国家 2000～2019 年家庭收入结构性参数最大值及年份；最后，给出计量模型并分析各变量的统计特征。

（一）数据描述及统计分析

计量模型中被解释变量 Cp 用于测度居民消费需求水平，其数据来源于 WDI 数据库中的人均居民最终消费支出增长率。核心解释变量收入不平等程度利用理论模型中的家庭收入结构性参数 m 衡量，具体模拟和计算在本节第三部分理论模型中已经给出，其数据来源于 WID 数据库，m_1 为 m 的滞后一期，用于后期稳健性检验中的内生性分析。涉及的多种控制变量数据均源于 WDI 数据库，AGDP 表示人均 GDP 增长率，测度一国经济增长水平；Trade 表示进出口贸易总额与 GDP 之比，测度一国衡量对外贸易程度；Tax 表示政府税收与 GDP 之比，测度一国政府财政收入占比对居民消费的影响；Inf 表示一国的通货膨胀率，测度一国价格指数对居民消费需求的影响；Serv 表示服务业产值与 GDP 之比，测度一国不同的居民需求结构对消费需求的影响；人均消费与人均收入之比描述为 Apc，测度一国个体消费行为变化对整体居民消费需求的影响。

其中，消费需求水平 Cp 样本数据缺失 1 个，家庭收入结构性参数 m 和 m_1 样本数据分别缺失 2 个和 40 个，政府税收 Tax 和服务业水平 Serv 样本数据分别缺失 92 个和 3 个，具体变量数据的统计描述见表 4.1。

表 4.1　主要变量数据的统计描述

变量名称	变量含义	变量构造方法	均值	标准差	最大值	最小值	观测值
Cp	消费需求水平	人均居民最终消费支出增长率	2.354	3.311	14.497	−16.469	799
m	家庭收入结构性参数	每 10%人口收入占比模拟取值	9.923	3.568	19.261	3.435	798
m_1	m 滞后一期	每 10%人口收入占比模拟取值滞后一期	9.978	3.564	19.261	3.435	760

续表

变量名称	变量含义	变量构造方法	均值	标准差	最大值	最小值	观测值
AGDP	经济增长水平	人均 GDP 增长率	9.777	0.985	11.390	6.630	800
Trade	对外贸易程度	进出口贸易总额/GDP	0.805	0.595	4.373	0.198	800
Tax	政府税收	政府税收/GDP	17.979	6.033	31.986	2.332	708
Inf	通货膨胀水平	通货膨胀率	4.092	6.124	52.979	−16.909	800
Serv	服务业水平	服务业产值/GDP	59.507	8.022	77.524	31.126	797
Apc	平均消费倾向	人均消费/人均收入	0.697	0.109	0.966	0.349	736

（二）不平等数据分析

尽管 WID 数据库关于收入不平等的数据跨期很长（1800～2019 年），但仅在 1980～2019 年的各国不平等数据较完善，又考虑到 WDI 数据库中各国控制变量的数据缺失严重，因此，本书选取较为完整的 40 个国家 2000～2019 年的样本数据。在 40 个样本国家中，按照家庭收入结构性参数 m 值的均值计算，均值最高的 5 个国家为智利、印度、土耳其、埃及和巴西，m 的均值分别为：16.37、15.82、15.57、15.229 和 14.361。均值最低的 5 个国家为澳大利亚、意大利、比利时、法国和希腊，m 的均值分别为：4.12、4.76、5.13、5.80 和 6.46。本书更关注 40 个国家的家庭收入结构性参数的最大值和出现的年份，见表 4.2。

表 4.2　2000～2019 年 40 个国家家庭收入结构性参数最大值及年份

国家	年份	家庭收入结构性参数 m 值	国家	年份	家庭收入结构性参数 m 值
中国	2008	8.48	希腊	2019	8.00
美国	2018	9.60	爱尔兰	2005	10.29
日本	2007	12.54	比利时	2007	6.13
俄罗斯	2008	13.33	新西兰	2008	8.92
韩国	2019	13.39	加拿大	2007	9.86
澳大利亚	2018	4.07	西班牙	2017	7.99
法国	2008	6.58	匈牙利	2007	10.41
德国	2016	8.50	保加利亚	2019	11.32
英国	2007	9.26	巴西	2012	16.00
印度	2015	18.63	墨西哥	2012	14.06

续表

国家	年份	家庭收入结构性参数 m 值	国家	年份	家庭收入结构性参数 m 值
意大利	2017	5.45	立陶宛	2014	8.95
新加坡	2008	14.11	以色列	2010	13.74
南非	2012	14.9	捷克	2008	9.03
土耳其	2019	16.84	沙特阿拉伯	2008	13.57
智利	2011	17.12	波兰	2015	9.40
瑞士	2006	9.161	瑞典	2006	9.87
芬兰	2000	9.382	阿根廷	2004	12.04
挪威	2008	10.92	泰国	2010	14.75
埃及	2000	16.69	哥伦比亚	2009	12.80
秘鲁	2003	15.86	葡萄牙	2001	8.674

三、变量设定与计量模型

本节利用 2000～2019 年 40 个跨国面板数据实证分析收入不平等对居民需求消费的影响效应，建立以下计量模型：

$$Cp_{it} = \alpha_0 + \alpha_1 m + \sum_{j=1}^{m} \beta_j X_{it}^j + u_i + e_t + \varepsilon_{it} \qquad (4.13)$$

其中，i 表示国家；t 表示年份；Cp 表示居民消费水平，被解释变量设定为各国居民人均最终消费增长率；m 作为核心解释变量，是基于理论模型利用各国不平数据模拟出的家庭收入结构性参数，等同于对各国收入不平等程度的测度；计量模型中的控制变量设定为 X^j；个体效应和时间效应分别用 u_i 和 e_t 来表示，对国家的个体异质性特征及各经济体共同的周期性因素进行捕捉；计量模型中的残差项用 ε_{it} 来表示；待估计参数分别为 α_1 和 β_j。在本节研究中，所涉及的控制变量如下。

（1）经济增长水平，以各国取对数后的人均 GDP 表示一个国家经济发展水平，用 AGDP 表示。大多数已有的研究均已比较详细地解释了收入水平与总消费之间存在密切关联度。

（2）对外贸易程度，用 Trade 表示。全球性贸易组织如 WTO（World Trade Organization，世界贸易组织）和 G7（Group of Seven，七国集团）等国际组织的成立，引致经济全球化发展程度逐渐加深，贸易开放度直接影响着各国居民消费行为和生活方式。在此以进出口总额与 GDP 的比值衡量对外贸易度，进而控制了对外贸易开放程度对各国居民需求消费的影响，以对外贸易程度指标作为对外贸易程度影响居民需求消费的控制变量。

（3）政府税收，用 Tax 表示。根据国际经验表明，各国政府税收的比重通过国民收入再分配会影响居民需求消费水平。因此，为了控制税收对居民消费的影响，在此将政府税收占 GDP 比重作为控制变量指标。

（4）通货膨胀水平，用 Inf 表示。价格水平在不同国家不同程度地影响居民消费需求。在已有研究中，通货膨胀带来多重影响进而导致税收增加从而降低可支配收入水平。因此，选取各国通货膨胀率指标来控制价格水平对本国居民需求消费的影响。

（5）服务业水平，用 Serv 表示。经济结构变迁理论认为，在各经济体发展进程中，第一产业、第二产业和第三产业的产值及经济贡献率均呈现出逐渐下降、先上升后下降、逐渐上升的变动趋势。为了控制居民需求结构的变化对居民需求消费变化的影响，这里将各国第三产业的产值与 GDP 的比值作为衡量各国服务业水平的指标。

（6）平均消费倾向，用 Apc 表示。个体消费者行为的共同作用将对总体消费者行为产生重要影响，两者之间存在一定程度的关联性。为了控制经济运行中个体消费行为的变化对总体居民需求消费的影响，在此控制变量中选取了一国个体平均消费倾向。

四、实证结果与稳健性检验

本书从 WDI 和 WID 中提取出 40 个国家 2000～2019 年的面板数据，实证回归分析收入不平等程度与居民需求消费增长率的影响关系。首先，利用随机效应模型对被解释变量与核心解释变量进行回归分析，如表 4.3 第 I 列中结果显示两者为负相关关系，但结果是不显著的。其次，对被解释变量和核心解释变量进行随机效应模型回归，如表 4.3 第 II 列中结果显示两者为负相关关系，且在 5% 的置信水平上显著。最后，加入本书所选取的全部控制变量进行随机效应模型和固定效应模型回归分析，并通过豪斯曼检验得出实证回归适于采用固定效应的回归方法，因此，计量模型回归中应该采取控制年份固定效应和国家固定效应的方法。如表 4.3 所示，第 III、IV 列中的结果显示被解释变量消费需求水平和核心解释变量家庭结构性参数均显示为负相关关系，并且在 1% 的置信水平上显著。

表 4.3 第 IV 列中采用双向固定面板数据回归方法，对年份固定效应和国家固定效应均做出控制得到相应结果。表 4.3 第 IV 列中，结果中的家庭收入结构性参

数系数小于 0，且在 1% 的显著水平上显著，说明家庭收入结构性参数值的大小对居民需求消费需求水平具有显著的负向效应。家庭收入结构性参数的系数估计值为 –0.455，说明家庭收入结构性参数每增加 1%，居民需求消费需求水平会下降 0.455 个百分点。控制变量中经济增长水平对居民需求消费存在正向影响且显著，通货膨胀水平对居民需求消费存在较低水平的负向影响且显著，系数估计值与预期结果一致。其他控制变量在相关方向和显著水平上与预期结果并不一致，其原因可能在于跨国数据为弱共同周期性，以及样本数据的缺失等因素。

表 4.3　家庭收入结构性参数对居民消费需求的回归结果

参数	随机效应模型（Ⅰ）	固定效应模型（Ⅱ）	随机效应模型（Ⅲ）	固定效应模型（Ⅳ）
m	−0.079 (0.062)	−0.201** (0.094)	−0.181*** (0.064)	−0.455*** (0.104)
Tax			0.012*** (0.037)	0.429*** (0.075)
Serv			−0.264*** (0.040)	−0.041*** (0.060)
Apc			−0.058** (0.026)	−0.012*** (0.004)
AGDP			−0.374 (0.369)	1.868* (1.081)
Inf			0.002 (0.029)	−0.072** (0.029)
Trade			−0.363 (0.530)	−1.512 (1.092)
常数项	3.146*** (0.671)	5.801*** (0.922)	25.589*** (3.774)	14.788 (11.866)
样本观测值	797	797	640	640
R^2	0.020	0.216	0.225	0.378
国家数	40	40	40	40

*、**和***分别表示在 10%、5% 和 1% 的置信水平上显著，括号内为标准差

上述回归中选取了 40 个国家样本数据中包括了经济发展较发达的国家、发展中国家和较落后的国家，而较发达国家和落后国家的居民消费价格水平存在较大差异，这可能使得回归结果可信度不足而受到质疑。因此，本书通过人均 GDP 水平的高低来定义发达和不发达国家，剔除样本中最发达的 5 个国家和最不发达的 5 个国家，对余下的 30 个国家样本数据进行面板数据回归，检验上述得出的结果是否具有稳健性。

$$Cp_{it} = \alpha_0 + \alpha_1 m^* + \sum_{j=1}^{m} \beta_j X_{it}^j + u_i + e_t + \varepsilon_{it} \tag{4.14}$$

在此将余下的 30 个国家的家庭收入结构性参数定义为 m^*，代入计量回归方程式（4.14）。首先，利用随机效应模型对被解释变量和核心解释替代变量进行回归分析，如表 4.4 第Ⅰ列中结果显示两者为负相关关系，并且在 5%的置信水平上显著。其次，对被解释变量和核心解释替代变量进行随机效应模型回归，如表 4.4 第Ⅱ列中结果显示两者为负相关关系，并且在 1%的置信水平上显著。最后，加入所选取的全部控制变量进行随机效应、固定效应模型回归，通过豪斯曼检验得出应采用固定效应的回归方法，因而，采用固定效应控制了模型中的年份和国家。如表 4.4 第Ⅲ、Ⅳ列中结果显示被解释变量和核心解释替代变量均显示为负向相关关系，并且在 1%的置信水平上显著，通过对比表 4.4 第Ⅲ、Ⅳ列中结果，发现采用双向固定效应模型面板数据回归更理想。

$$Cp_{it} = \alpha_0 + \alpha_1 m\_1 + \sum_{j=1}^{m} \beta_j X_{it}^j + u_i + e_t + \varepsilon_{it} \tag{4.15}$$

首先，本书通过将 30 个国家面板数据采用双向固定效应模型回归，发现核心解释变量的替代变量 m^* 与原模型表 4.3 第Ⅳ列的结果一致，因此，证实模拟出的家庭收入结构性参数和回归结果均具有稳健性。其次，本书处理了模型中可能存在的内生性问题。伴随不同国家或地区的收入不平等程度的持续扩大，高收入群体的巨大财富和资本具有累积效应，存在更多的资本投资动机，如股票、期货和理财等投资方式，金融产品、金融衍生品在抑制居民需求消费水平的同时也将拉大各家庭之间的收入差距水平。因此，家庭收入结构性参数与居民需求消费增长率之间可能存在反向因果的问题。最后，模型选取家庭收入结构性参数滞后一期 m_1 作为工具变量，代入式（4.15）进行计量回归，得到与基准模型一致的结果，详见表 4.4 第Ⅴ列。

表 4.4　家庭收入结构性参数与居民消费需求的稳健性检验

参数	随机效应模型（Ⅰ）	固定效应模型（Ⅱ）	随机效应模型（Ⅲ）	固定效应模型（Ⅳ）	固定效应模型（Ⅴ）
m^*	−0.188** （0.083）	−0.432*** （0.136）	−0.255*** （0.080）	−0.667*** （0.153）	
m_1					−0.290*** （0.110）
Tax			0.242*** （0.050）	0.524*** （0.102）	0.394*** （0.079）

续表

参数	随机效应模型（Ⅰ）	固定效应模型（Ⅱ）	随机效应模型（Ⅲ）	固定效应模型（Ⅳ）	固定效应模型（Ⅴ）
Serv			−0.403*** (0.057)	−0.531*** (0.078)	−0.419*** (0.063)
Apc			−0.058 (0.034)	−0.012*** (0.004)	−0.093** (0.046)
AGDP			−0.015 2 (0.541)	1.821 (1.322)	1.584 (1.137)
Inf			−0.034 (0.033)	−0.111*** (0.034)	−0.034 (0.032)
Trade			−0.844 (0.747)	−2.723** (1.443)	−2.057* (1.155)
常数项	4.110*** (0.860)	7.398*** (1.235)	30.745*** (4.995)	23.777* (14.168)	12.446 (14.168)
样本观测值	599	599	473	473	611
R^2	0.041	0.225	0.255	0.406	0.372
国家数	30	30	30	30	40

*、**和***分别表示在10%、5%和1%的置信水平上显著，括号内为标准差

上述研究表明，收入不平等程度与居民需求增长率存在着显著的负向相关关系，且具有良好的稳健性。收入不平等程度的不断扩大引致居民需求消费不足，进一步可以推论居民需求消费增长率的下降最终会限制经济的可持续增长。收入不平等仍是当前需要关注的重要议题，也是实现共同富裕目标率先要解决的基本问题。但在现实经济环境下，从需求有限性视角探究收入不平等与居民需求消费的研究较少，在需求有限性理论框架下分析收入不平等问题更具有显著的现实意义。

第二节　收入不平等、需求有限性与经济增长效应研究

本节从收入不平等的角度探寻需求不足的成因和内在影响机制，研究发现总体有效需求水平在收入不平等对经济增长的影响中起到中介效应的作用。采用上述理论模型中的家庭收入结构性参数值大小表示收入不平等程度，这区别于传统使用基尼系数方法来测度收入差距水平。基于2000～2019年30个国家面板数据，模拟出家庭收入结构性参数并设定为核心解释变量，对家庭收入结构性参数、总体有效需求水平与人均GDP增长率的影响关系进行了分析。实证结果发现：家庭

收入结构性参数的增大将引致总体有效需求水平的下降进而限制经济可持续增长，家庭收入结构性参数与人均 GDP 增长率呈现显著的负向关系。收入不平等程度的持续扩大对总体有效需求的持续增长形成限制性约束，总体有效需求不足的形成进一步限制总体经济的持续增长。这方面的研究为理解当前国内外需求不足和后工业化阶段增长现象提供了新视角。

一、研究思路

上述理论模型分析得出收入不平等程度的变化影响总体有效需求进而限制经济增长的结论，因此，本节借鉴温忠麟等（2004）提出的中介效应检验，验证收入不平等、总体有效需求水平与经济增长之间的影响关系，但重点是检验和分析家庭收入结构性参数与经济增长的关系。

本书从两个方面展开论证：一是家庭收入结构性参数对经济增长的直接影响，以下称为"总效应"，即检验"假设 4.1"；二是以总体有效需求水平为中介，探究总体有效需求水平是否构成家庭收入结构性参数对经济增长的传导效应，以下称为"中介效应"，即检验"假设 4.2"。

考虑自变量 X 对因变量 Y 的影响，如果自变量 X 通过影响变量 M 来影响因变量 Y，则称 M 为中介变量。

以下列三个方程描述上述变量之间的关系：

$$Y = cX + e1 \qquad\qquad (4.16)$$

$$M = aX + e2 \qquad\qquad (4.17)$$

$$Y = c'X + bM + e3 \qquad\qquad (4.18)$$

首先，检验式（4.16），假设 Y 与 X 显著相关，意味着式（4.16）的回归系数 c 显著，如果 c 不显著，则停止中介效应检验。其次，在 c 显著的前提下，依次检验 a 和 b。通过后两个方程检验变量 M 是否真正起到了中介变量的作用，如果系数 a 和 b 显著，则中介效应显著；若其中一个不显著，须进行 Sobel 检验。最后，检验 c' 是否显著。这一过程可以检验变量 M 是起到完全中介效应还是部分中介效应。

上述方程中的系数表明：c 是 X 对 Y 的总效应，即前文所述家庭收入结构性参数对经济增长影响的"总效应"；c' 是总效应中 X 对 Y 影响的直接效应，a 和 b 是经过中介变量 M 的"中介效应"。因此，在实证结果中：若 c 显著，则家庭收入结构性参数对经济增长的总效应明显，即假设 4.1 成立；若 a 和 b 显著，则表明经由总体有效需求水平所产生的中介效应存在，即假设 4.2 成立。

二、计量模型设计

（一）变量设定

（1）因变量：经济增长水平，用 $\mathrm{AGDP}_{j,t}$ 来表示。$\mathrm{AGDP}_{j,t}$ 表示第 j 个国家在第 t 年的人均 GDP 增长率，用来衡量经济增长水平。

（2）自变量：家庭收入结构性参数，用 $m_{j,t}$ 来表示。$m_{j,t}$ 表示第 j 个国家在第 t 年的家庭结构性收入参数，用来衡量收入不平等程度。家庭收入结构性参数是通过每 10% 的收入份额占比并借助软件模拟获得，这相较其他文献仅用人口前 1% 或 10% 的收入占比数据分析与经济增长的关系更为完整和准确。

（3）中介变量：消费需求水平，用 $\mathrm{Cos\_per}_{j,t}$ 来表示。$\mathrm{Cos\_per}_{j,t}$ 表示人均居民最终消费支出增长率，用来衡量总需求水平。

（4）控制变量：$X_{j,t}$ 是式（4.19）、式（4.20）和式（4.21）中一系列控制变量，参考 Islam（2020），包括文献中提出的影响经济增长的其他因素，包括资本形成率、人口增长率、人力资本水平、对外贸易程度、政府规模、科技研发水平、通货膨胀水平和国民储蓄水平。v_j 和 u_t 分别表示个体效应和时间效应，分别捕捉了国家的个体异质性特征，以及各经济体共同的周期性因素。$e_{j,t}^1, e_{j,t}^2, e_{j,t}^3$ 分别表示式（4.19）、式（4.20）和式（4.21）中的残差项。最后，在回归分析中将式（4.19）、式（4.20）和式（4.21）分别设定为模型 1、模型 2 和模型 3。

（二）模型设计

考虑自变量 $m_{j,t}$ 对因变量 $\mathrm{AGDP}_{j,t}$ 的影响，如果自变量 $m_{j,t}$ 通过影响变量 $\mathrm{Cos\_per}_{j,t}$ 来影响因变量 $\mathrm{AGDP}_{j,t}$，则称 $\mathrm{Cos\_per}_{j,t}$ 为中介变量。因此，建立以下中介效应模型。

模型 1：该模型用来检验假设 1，即检验家庭收入结构性参数是否会影响经济增长。如果 β_1 是显著的，则可以进行下一步检验，检验是否存在中介效应。

$$\mathrm{AGDP}_{j,t} = \beta_0 + \beta_1 m_{j,t} + \gamma X_{j,t} + v_j + u_t + e_{j,t}^1 \tag{4.19}$$

模型 2：该模型用于检验中介效应，考察家庭收入结构性参数对总体有效需求水平的影响。若 α_1 是显著的，则可以进行下一步检验。

$$\mathrm{Cos\_per}_{j,t} = \alpha_0 + \alpha_1 m_{j,t} + \zeta X_{j,t} + v_j + u_t + e_{j,t}^2 \tag{4.20}$$

模型 3：该模型用于考察家庭收入结构性参数、总体有效需求水平对其经济增长的影响。若 λ_1、λ_2 均显著，则说明中介变量起到部分中介效应。若只有 λ_2 显著，说明中介变量起到完全中介效应。

$$\text{AGDP}_{j,t} = \lambda_0 + \lambda_1 m_{j,t} + \lambda_2 \text{Cos\_per}_{j,t} + \phi X_{j,t} + v_j + u_t + e_{j,t}^3 \qquad (4.21)$$

三、数据描述与统计分析

表 4.5 对以上所涉及的变量进行详细说明。本节模型所涉及的有关收入不平等数据来源于 WID 数据库，有关宏观经济的控制变量指标来源于 WDI 数据库。2015~2019 年中国收入不平等数据缺失，根据基尼系数变动幅度和趋势估计家庭收入结构性参数 m 值，另外，印度、南非、新加坡、日本和韩国等收入不平等数据缺失较少年份未做处理。总体看来数据较为完整，本书采用固定效应面板方法研究收入不平等对经济增长的影响，以下为变量一览表 4.5 和变量统计表 4.6。

表 4.5　变量一览表

变量名称	变量含义	变量构造方法
AGDP	经济增长水平	人均 GDP 增长率/%
m	家庭收入结构性参数	每 10%人口收入占比模拟取值
m_1	家庭收入结构性参数滞后一期	每 10%人口收入占比模拟取值滞后一期
GDP	经济增长率（AGDP 的替代变量）	GDP 增长率/%
Cos_per	消费需求水平	人均居民最终消费支出增长率/%
Tol_cap	资本形成率	资本形成总额/GDP/%
Trade	对外贸易程度	进出口贸易总额/GDP/%
Edu	人力资本水平	平均受教育年限/年
Tech	科技研发水平	技术研发支出总额/GDP/%
Inf	通货膨胀水平	通货膨胀率/%
Gov	政府规模	政府支出总额/GDP/%
Pop_grow	人口增长率	人口增长率 =（年末人口数-年初人口数）/年平均人口×1000‰/%
Save	国民储蓄水平	国民储蓄净额/国民收入净额/%

表 4.6　变量统计表述

变量名称	均值	标准差	最大值	最小值	观测值
AGDP	2.24	3.11	13.64	−13.89	600
m	9.82	3.72	19.26	3.44	576
Cos_per	2.49	3.42	14.50	−16.47	600

续表

变量名称	均值	标准差	最大值	最小值	观测值
GDP	3.13	3.31	25.16	−14.84	600
Tol_cap	24.02	5.86	46.66	10.22	598
Trade	83.84	66.07	437.33	19.80	600
Edu	10.53	2.13	14.1	4.4	600
Tech	1.58	0.99	4.95	0.04	554
Inf	3.66	5.17	52.98	−16.91	600
Gov	17.85	3.83	30.00	8.86	600
Pop_grow	0.72	0.92	5.32	−2.26	600
Save	9.816	9.916	43.848	−13.335	563

尽管 WID 关于收入不平等的数据跨期很长（1800～2019 年），但是 WDI 中各国控制变量的数据缺失严重，因此，我们选取较为完整的 2000～2019 年 30 个国家的样本数据进行研究。在 30 个样本国家中，按照家庭收入结构性参数 m 值的均值计算，均值最高的 5 个国家为智利、印度、土耳其、巴西和南非，m 的均值分别为：16.37、15.82、15.57、14.36 和 14.08。均值最低的 5 个国家为澳大利亚、意大利、比利时、法国和希腊，m 的均值分别为：4.12、4.76、5.13、5.80 和 6.46。本书研究更关注 30 个国家的家庭收入结构性参数的最大值和出现的年份，见表 4.7。

表 4.7　2000～2019 年各国家庭收入结构性参数最大值及年份

国家	年份	家庭收入结构性参数 m 值	国家	年份	家庭收入结构性参数 m 值
中国	2008	8.50	希腊	2019	8.0
美国	2018	9.60	爱尔兰	2005	10.29
日本	2007	12.54	比利时	2007	6.13
俄罗斯	2008	13.33	新西兰	2008	8.92
韩国	2019	13.39	加拿大	2007	9.86
澳大利亚	2018	4.07	西班牙	2017	7.99
法国	2008	6.58	匈牙利	2007	10.41
德国	2016	8.50	保加利亚	2019	11.32
英国	2007	9.26	巴西	2012	16
印度	2015	18.63	墨西哥	2012	14.06

国家	年份	家庭收入结构性参数 m 值	国家	年份	家庭收入结构性参数 m 值
意大利	2017	5.45	立陶宛	2014	8.95
新加坡	2008	14.11	以色列	2010	13.74
南非	2012	14.9	捷克	2008	9.03
土耳其	2019	16.84	阿拉伯	2008	13.57
智利	2011	17.12	波兰	2015	9.40

四、实证结果与稳健性检验

（一）实证结果

表 4.8 汇报了模型 1、模型 2 和模型 3 的回归结果，通过豪斯曼检验得出实证回归适于采用固定效应的回归方法，因此，模型中控制了年份固定效应和国家固定效应。从表 4.8 中的模型 1 可以看出，家庭收入结构性参数的估计系数小于 0，且在 1% 的置信水平上显著，说明家庭收入结构性参数值的大小对人均 GDP 增长率具有显著的负向效应。家庭收入结构性参数的系数估计值为 -1.042，说明家庭收入结构性参数每增加 1%，人均 GDP 增长率会下降 1.042 个百分点。模型 2 中家庭收入结构性参数的系数估计值为 -0.514，且在 1% 的置信水平上显著，即家庭收入结构性参数每增加 1%，人均居民最终消费支出增长率会下降 0.514 个百分点。说明家庭收入结构性参数对中介变量消费需求水平具有负向诱导作用。模型 3 中变量家庭收入结构性参数和消费需求水平的系数估计值分别小于 0 和大于 0，其中，表明家庭收入结构性参数系数估计值为 -0.755，且在 1% 的显著水平上显著，消费需求水平的系数估计值为 0.558，且在 1% 的置信水平上显著。由此说明，中介变量消费需求水平对经济增长水平起到了部分中介效应，即自变量家庭收入结构性参数对因变量经济增长水平的影响部分是通过总体有效需求水平实现的。

控制变量中对外贸易程度、国民储蓄水平和通货膨胀水平对经济增长存在正向影响且显著，温和的通货膨胀有利于经济的增长，系数估计值与预期结果一致。人口增长率对经济增长存在负向显著的影响，人口增长将拉低经济增长水平。政府规模、资本形成率、人力资本水平以及科技研发水平未表现出显著结果，其原因可能在于跨国数据为弱共同周期性。

表 4.8　家庭收入结构性参数与经济增长的实证和中介效应分析结果

变量	模型 1	模型 2	模型 3
m	−1.042*** (0.103)	−0.514*** (0.126)	−0.755*** (0.763)
Cos_per			0.558*** (0.264)
Tol_cap	0.144*** (0.034)	0.271*** (0.041)	−0.007 (0.254)
Trade	0.254*** (0.008)	−0.001 (0.010)	0.263*** (0.006)
Edu	−0.162 (0.204)	−0.312 (0.250)	0.012* (0.149)
Tech	0.232 (0.277)	−0.269 (0.340)	0.247 (0.202)
Inf	0.059** (0.253)	0.044 2 (0.031)	0.035* (0.018)
Gov	−0.157 (0.109)	−0.206 (0.134)	−0.042 (−0.520)
Pop_grow	−1.461*** (0.228)	−1.349*** (0.280)	−0.709*** (0.170)
Save	0.219*** (0.383)	0.194*** (0.471)	0.111*** (0.028)
常数项	9.705*** (2.812)	7.083 (3.453)	5.756*** (2.061)
样本观测值	600	600	600
R^2	0.386	0.359	0.674
F 统计量	35.41	19.61	104.38
国家数	30	30	30
年份固定效应	已控制	已控制	已控制
个体固定效应	已控制	已控制	已控制

*、**和***分别表示在 10%、5% 和 1% 的置信水平上显著，括号内为标准差

（二）稳健性检验

本书进一步对模型中家庭收入结构性参数与经济增长的关系进行了稳健性检验。第一，对被解释变量进行替换，以各国 GDP 增长率替代各国人均 GDP 增长率，作为经济增长水平的度量方式。从表 4.9 中可以看出，替换后的被解释变量 GDP 增长率与家庭收入结构性参数也呈现出显著的负向关系，即证实我们模拟出的家庭收入结构性参数具有稳健性。第二，本书还对模型可能存在的内

生性进行了处理。在收入差距持续扩大的国家或地区，高收入群体积累更多的财富和占有大量资本，有更多的资本投资动机，如股票、期货和理财等投资方式，金融类产品促使经济增长的同时也将拉大各家庭收入水平。因而经济增长效应与家庭收结构入水平可能存在着反向因果关系。因此，我们选取家庭收入结构性参数滞后一期作为工具变量进行回归，得到与基准模型一致的结果，详见表 4.9。

表 4.9　家庭收入结构性参数与经济增长的稳健性检验

变量	AGDP	GDP	AGDP
m	−1.042*** (0.103)	−0.767*** (0.117)	
m_1			−0.467*** (0.117)
Tol_cap	0.144*** (0.034)	0.203*** (0.038)	0.154*** (0.036)
Trade	0.254*** (0.008)	0.028*** (0.010)	0.019* (0.009)
Edu	−0.162 (0.204)	−0.031 (0.231)	−0.735*** (0.220)
Tech	0.232 (0.277)	0.089 (0.314)	0.123 (0.299)
Inf	0.059** (0.253)	0.063** (0.028)	0.045* (0.274)
Gov	−0.157 (0.109)	−0.359*** (0.123)	−0.269** (0.117)
Pop_grow	−1.461*** (0.228)	−0.810*** (0.259)	−1.491*** (0.247)
Save	0.219*** (0.383)	0.236*** (0.044)	0.213*** (0.042)
常数项	9.705*** (2.812)	8.434*** (3.190)	12.750*** (3.028)
样本观测值	600	600	600
R^2	0.386	0.343	0.285
F 统计量	35.41	29.35	22.39
国家数	30	30	30
年份固定效应	已控制	已控制	已控制
个体固定效应	已控制	已控制	已控制

*、**和***分别表示在 10%、5%和 1%的置信水平上显著，括号内为标准差

上述研究表明，收入不平等的持续扩大将引致总体有效需求不足，进一步限制经济可持续增长。收入不平等仍是当前需要关注的重要议题，而从需求有限性的角度展开研究的文献鲜见闻端，期许优秀、睿智的学者同行进一步深入研究。

第三节　本　章　小　结

在上述有限需求假设下分析经济增长的动态变化得出内在机制与理论，并对该理论模型中的需求有限性、收入不平等与经济增长之间的机制作用进行实证检验，可以归纳为以下几点结论。

（1）经济发展至当前阶段，社会总体需求的不足成为制约经济持续增长的主要原因。究其根源，社会需求是支撑各产业生产活动发展的重要驱动力，当创新在社会活动中并无需求时，该创新是无效的且得不到支持和长期发展，无法进一步实现有效的经济增长；超出社会需求的供给无法通过市场出清实现产能的有效"消化"，同样也不能实现真正的经济增长。当技术创新进步和各产业生产无法实现有效的经济增长，经济增长就会停滞。总供给和总需求两方面的协同均衡增长决定了当前经济环境下各经济体的发展，双方任一单方面的进步都不能实现实质性的进步。在生产力相对落后的发展阶段，供给能力远远落后于需求，因而，供给的增长水平就是实际的增长水平，在此阶段供给决定增长。但到了工业化充分发展的阶段，基本需求得到充分满足之后，增长的实现越来越清晰地呈现出需求决定的特征。

（2）现实经济中依据技术进步的方向和性质，可将技术进步分为纵向的技术进步和横向的技术进步。基于产业周期叠加的机制，区分了技术进步的不同类型，不同结构产生不同的效应，横向知识积累形成新产品种类自身的离散特征，决定了横向技术进步是点射性激发态，这一特征具有随机性和趋势性。模型具有内生机制：纵向技术进步（产业内部）不能增加产出，但会引致收入差距的扩大；横向技术进步（新产品创新）能够增加需求，促进经济增长。财富收入差距的程度决定产品的市场总需求，差距越大，总需求越低。在收入结构确定的市场中，收入不平等的加剧将引致总需求有限，形成大多数产业发展的终极限制。因此，收入不平等对社会总体有效需求存在重大的影响作用。

（3）在有限需求理论模型下得出收入不平等程度的加深对扩大内需产生抑制效应。本章通过WDI和WID数据库收集40个跨国面板数据包括了2000~2019年各国的收入不平等指数数据、消费水平、人力资本水平等十多个变量数据，模型中利用家庭收入结构性参数很好地表示了收入不平等程度，通过借用MATLAB软件对核心解释变量家庭收入结构性参数进行模拟，家庭收入结构性参数在模拟的图像上显示为幂指数大于 2 的指数函数的变化趋势。另外，通过 Stata 计量软件进行面板回归分析，发现收入不平等对扩大内需具有抑制效应，与理论模型一致，因此验证了理论模型所得出的结论。本章利用同样的计算和操作步骤进行研究，发现收入不平等程度的加深与扩张促使社会总需求降低，社会总需求下降进而引致经济增长放缓甚至停滞。因此，社会总需求在收入不平等与经济增长之间存在着中介影响效应，同样与理论模型一致，验证了理论模型所得出的结论。这方面的研究对促进我国"双循环"新格局发展和实现共同富裕伟大目标具有重大的启发意义。

第五章 倒 "V" 形长周期内生机制
与大国地位的变化分析

第一节 倒 "V" 形长周期机制和规律分析

1800 年以前，世界各经济体均处于马尔萨斯陷阱之中而无法逃离，马尔萨斯农经时代的技术进步速率可由人口增长的变化来推论。1800 年以前世界年均技术进步速率小于 0.05%，相当于现今 1/30 的水平。1760～1900 年欧洲发生两件前所未有的大事件：一是工业革命，人类将知识应用于提升工业生产效率，技术进步引致工业生产的高产能进一步带动经济高速增长；二是人口转型，人口生育率先由上层阶级开始下降，逐渐蔓延至整个社会各阶层，同时，人均收入水平仍持续增长。因此，技术进步能够超过人口带来的增长效应，由人口增加决定经济增长的马尔萨斯时代转变为技术进步水平决定的工业革命时代。在 19 世纪，工业革命和航海技术的发展引起了各国技术进步率、财富水平以及政治权力的巨大变化。在这一时期，一些国家通过技术进步实现了工业经济高产能增长并从事殖民贸易等经济活动。这些受益国家经济快速增长，而其他大部分国家却停滞不前，导致各经济体之间收入差距不断增大，成为东西方世界大分流的开端。

彭慕兰的《大分流》主要内容的核心观点有两点。其一，直至 18 世纪，东西方世界的发展都未逃离 "马尔萨斯陷阱"，且沿着十分相似的轨迹进行，甚至东方世界的发展在许多方面要优于西方世界。1800 年以后，西方世界开始超越东方，二者正式走上不同的发展道路，即发生 "大分流"。其二，18 世纪英国与中国江南地区的经济发展背景相似，均面临着人口增长、资源不足的制约，而煤矿等自然资源禀赋的优势和来自美洲殖民地的丰富资源是英国能够逃离 "马尔萨斯陷阱"的最重要因素。彭慕兰的《大分流》问世以来得到众多学者的关注、赞同和批评。陈昆亭和周炎（2007）认为社会文化背景的差异是形成分流的最根本原因，区别于其他强调地理条件、人力资本、制度和国际贸易等因素的研究。李伯重（2011）提出在改革开放后的 30 年中，江南地区经历了史无前例的经济快速增长，成为 "中国经济奇迹"中表现最好的地区，如今江南地区与西欧发达国家的经济发展水平的差距日益缩小，因此，把这种现象称为江南与西欧经济发展水平的 "大合流"。

彭刚和胡晓涛（2021）从农业产出剩余—人口变化—资本积累三者相互作用的角度讨论了一国从马尔萨斯贫困陷阱转向现代经济增长的一般过程，拓展了 Galor 和 Weil（2000）近年来发展的统一增长理论，在此基础上对近代东西方经济发展的大分流和第二次世界大战后各发展中国家工业化成果的差异进行解释。大分流成为工业初期至后工业阶段各经济体发展差距逐渐增大的分水岭，也成为优先进入工业化发展的国家经济快速增长的起点。

进入工业化发展阶段，技术进步、劳动供给、人力资本以及 R&D 等因素均成为促进经济高速增长的重要因素。经济学者为解释长期经济增长现象不断提出的创新理论模型包括：以 Solow（1956）和 Ramsey（1928）为代表的新古典增长理论、Romer（1986）的技术内生、Lucas（1988）的人力资本内生、Aghion 和 Howitt（1992）的内生创新过程为代表的内生增长理论以及 Galor 和 Weil（2000）的一致增长模型等。然而，进入后危机时代后，全球各主要资本经济体特别是新兴经济体都面临经济发展滞胀的问题，经济增长缺乏有力的增长动力。现有以供给侧因素研究为主的经济增长理论不能很好地解释全球滞胀问题和各经济体经济增长放缓的现象。要更深入地理解全球滞胀问题需要追溯其根源。从大航海时代开始，地理大发现促使技术扩散至更广阔的市场空间，因此，技术进步和新市场的开拓引致了持续快速的经济增长。技术进步带来了巨大的边际效益，成为工业革命爆发的推动力。然而市场空间则进一步决定了技术革命创造的新产品对经济效益的大小和持久性。自工业革命以来，在资本主义经济体系内持续发展的周期性经济危机形成了这样的循环规律：技术进步或市场再分配→市场需求空间扩大→市场需求空间饱和→增长衰减（严重时引致经济危机）。

进入后工业革命时期，经济发展受到全球性多个实物产品的大范围市场饱和的限制，人类经济活动进入瓶颈时期，即对应上述过程中：市场需求空间饱和→增长衰减（严重时引致经济危机）。传统经济增长理论认为，西方较发达的经济体在脱离重要的转轨阶段后将进入平衡增长的均衡阶段，然而结果并没有像理论预测中的那样。因此，传统经济增长理论在分析当前经济问题时存在着有偏思路。在经济增长问题的研究中，大多数是在 RBC 类模型框架下分析完成的。传统 RBC 类模型如 Prescott（1986）估计波动 70%～80% 归于实际冲击，基本可以完美地解释周期的成因源于技术进步等。但 RBC 类模型依赖外生的技术进步冲击解释周期性波动，不具备解释周期性波动的内生性特征的能力。其中，纵向技术进步、新产品横向创新、收入不平等以及市场需求空间是制约现今经济可持续增长的几个主要因素。

在工业化发展背景下，以供给侧因素为出发点探究各大国发展变化的研究已有很多，但对于后工业时期各经济体普遍出现增长衰减现象没能给出科学合理的解释。本节试图深层次地分析后工业化阶段各经济体衰减或停滞的内在根本原因，探究决定各经济体共同特征下的倒"V"形长周期的内在机制和影响因素。本节的研究结论认为由于经济增长点在供给侧与需求侧的决定性因素之间发生转换，进而决定了倒"V"形长周期规律的形成。倒"V"形长周期上升阶段是在市场需求非常大的情形下完成的，这一阶段对应包含贸易程度、技术进步、资源禀赋、劳动供给和人力资本等供给侧因素决定的经济增长；倒"V"形长周期下降阶段则是在市场达到需求饱和后的情形下完成的，对应包含人口规模、产业规模、收入不平等以及市场需求空间等需求侧因素决定的经济增长。

本节从人口数量、土地供给、进出口贸易、技术进步、产业结构以及市场需求空间有限性等因素的角度出发，分析这些因素如何在马尔萨斯时期至后工业革命时期决定着整体经济增长的变动过程，进一步揭示倒"V"形长周期机制和规律。

一、马尔萨斯时期的经济增长

在马尔萨斯农经时代，经济发展受到生产水平和技术能力的限制，一定地域范围内的生产资料和自然禀赋供给食物的总量是有限的。然而，一定区域内的人口数量维持在相当水平而无法实现人口的持续增长，形成人口的天花板效应。这一时期人口数量呈现类似正弦波一样的波动规律，人口的增长导致人均口粮下降，加之战争与疾病的因素引致出生率下降，人口数量降至底部，而人均口粮富足，又将促进人口增长，如此循环反复。最终无法实现人均收入和人口的持续增长。表 5.1～表 5.2 为欧洲各国和旧大陆公元 1500～公元 1700 年的人口数量数据，可以发现在跨越 200 年之久的数据统计中，各国人口数量的增长率普遍很小，有的国家人口数量出现无增长甚至负增长的现象。

表 5.1　1500～1700 年欧洲人口　　　　　单位：万人

国家和地区	大约 1500 年	大约 1600 年	大约 1700 年
西班牙与葡萄牙	930	1 130	1 000
意大利	1 050	1 330	1 330
法国（含洛林和萨瓦）	1 640	1 850	2 000
比利时、荷兰、卢森堡三国	190	290	340
不列颠群岛	440	680	930
斯堪的纳维亚各国	150	240	280
德国	1 200	1 500	1 500
瑞士	80	100	120

续表

国家和地区	大约 1500 年	大约 1600 年	大约 1700 年
多瑙河流经的国家和地区	550	700	880
波兰	350	500	600
俄国	900	1 550	1 750
巴尔干半岛各国	700	800	800
欧洲人口总数	8 180	10 470	11 530

资料来源：奇波拉（1988）

表 5.2　旧大陆 1500～1700 年人口　　　　　单位：万人

国家或地区	1500 年	1600 年	1700 年
中国	10 300	16 000	13 800
印度	11 000	13 500	16 500
西南亚	1 780	2 140	2 080
俄国	1 695	2 070	2 655
东欧	1 350	1 695	1 880
西欧	5 727	7 378	8 146
非洲	4 661	5 532	6 108

资料来源：麦迪森（2003）

欧洲工业革命爆发前，世界各经济体均处于以农业为主的马尔萨斯农经时代。按照 1800 年世界人均收入为 1 的水平计算，马尔萨斯时代的人均收入一直在 1 的水平上下微小波动，如图 5.1 所示，整个时期未有过明显增长。在整个较长的马尔萨斯时代，技术存在零星的进步但非常缓慢，在长周期发展的过程中这种进步程度是微乎其微的。这一时期，土地是最重要的生产要素，但土地供给基本上是固定的。在这种约束条件下，只要技术保持不变，人口增长将引致劳动力数量增加，进一步降低人均收入水平。在马尔萨斯时代，只要出生率增加，必然会导致人均收入下降，相反，任何限制人口增长的因素包括战争、动乱、疾病和自然灾害等必能提升人均收入。

这一时期人们的主要需求包括食物、衣着、住房以及其他需求。亚当·斯密认为："由于人的胃容量不大，每个人对食物的需求也就受到限制。"食物是人类的第一需求。16 至 17 世纪期间会出现富人暴饮暴食、穷人食不果腹的现象，史料记载，即使出现了谷物、肉鱼蛋白、水果蔬菜、酒品饮料，这一时期穷人的食物也是有限的、单一的，并且穷人几乎没有能力承担肉鱼的消费，大部分穷人即使自养家禽和家畜，成熟后也会出售。然而，一部分富人能够满足对大鱼

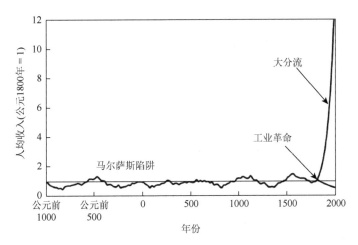

图 5.1　世界人均收入变化（公元前 1000～2000 年）

资料来源：Clark（2014）

大肉的暴饮暴食，并且富人每天每人消费热量达到近 6400 卡路里的食物。因此，这一时期整体居民对食物需求"刚性"的排序为：谷物＞肉鱼蛋白＞水果蔬菜＞酒品饮料。人类的第二个基本物质需求就是衣着。大多数居民利用土布材料生产衣物，形成自给自足的生产方式。1500～1700 年已经出现帆布、衬衫料子、呢绒和其他布料制作的衣物，根据个人职业的需求出现对不同材质衣着的需求，如皮匠、屠宰匠、军人等对衣着的需求类型各式各样，但社会中大部分居民对衣着的有效需求非常微小。住房是人类的第三大需求。在这一时期，大多数地区的穷人住房就地取材建筑的较为破烂的房屋，主要建筑材料包括泥土、草根土、篱笆、石南和稻草等，随着时间推移逐渐开发出更优质的建筑材料，石头逐渐替代木头成为主要建筑材料。其他需求相较以上三大需求的"刚性"小很多，其中包括了简易家具、娱乐场所、各类用具等需求。这些需求在市场上的交易程度对经济增长的贡献微不足道，其主要原因是未出现技术进步，也未形成规模性的大量生产。

这一时期的科学技术主要体现在印刷术的普及进一步引致知识的广泛传播和学习，航海技术的发展使得对外贸易程度逐渐加深，同时工业机械化过程也正在继续发展。这一时期的科学技术可以理解为提高生产力的生产率，而印刷术与工艺知识的传播在很大程度上提高了世界范围内知识的交流和商品创造水平。工学领域的成就为出现工业革命机器设备替代原始手工劳动的生产方式奠定了重要基础。化学应用于生产的技术为生产大量不同种类商品提供了重要的方法和途径。这些科学技术的产生似乎并没有在马尔萨斯时期很好地体现出来，更像是为工业革命的爆发埋下重要的伏笔。

在马尔萨斯农经时代，人们所面临的主要矛盾是生存问题。食物供应似乎一直不足，衣着、住房和其他需求基本上都是自给自足的，人们的需求只能满足基本生存。因此，在马尔萨斯时代，科学技术的微小进步并未大规模应用于生产，人口总量也无法持续增长，最终无法引起总需求的无限增长。由于受到供给侧各方面因素的发展约束，人们的基本生存需求无法得到充分满足，进而阻碍了整体的经济增长和社会进步。

二、工业革命初期阶段的经济增长

近现代西方经济借助工业革命的推动实现了人类前所未有的发展。在西方经济工业化发展的过程中，所有工业化产品都能够获得近乎全球的巨大的需求市场（市场竞争仅仅发生在发达经济之间），从而得到巨大的有效需求的拉动进而实现生产的持续增长。这对于工业化初期的几乎每一个新产品的生产企业而言都是一个极其伟大的时代，因为企业几乎不需要考虑市场需求的问题，也不必过分关注竞争者，因为市场实在太大，能够容纳足够多的竞争者。此外，机械化时代也为人们提供了巨大的想象空间，大量可以开发的新项目和新产品创意激发了所有人的无限热情（这很像改革开放初期的广州、深圳的情况）。在这种情况下，尽管财富积累的速度有所不同，但所有人都能够实现收入的快速增长。总体收入水平的增长进一步推动更多的新层次需求的增长，从而使经济又会在更高层面上持续增长。这种局面形成了西方经济总体的大增长时代。其中，英国在 1750 年之后最先进入工业化，此后，欧洲其他国家也先后进入工业化；而美国在第二次世界大战中获得了工业化水平的超越，到 1940 年前后工业占全球的份额约 50%，为其经济霸主地位奠定了坚实的经济基础。

在这样的发展过程中，增长的实现几乎完全等价于产能水平的提高。因为需求近乎是无限的，至少面对全球巨大的市场，可以近似理解为无限，当时几乎没有人对此有异议。同时，人们相信只要收入不断增长，需求理所当然就应当是增长的。在这样的时代，这样理解也确实没有太大问题。这就形成了传统宏观经济学思想认知的微观基础，也形成了既成的事实：增长现象主要是生产力水平的持续提高，即供给侧因素决定，且供给创造需求。

工业革命的爆发使人类的生产方式从传统手工业转变为工业机器制造，这一切生产方式的进步和生产效率的提升归结于创新，如图 5.2 所示，1750 年后的创新数量呈现出指数型增长趋势。英国最先进行工业化发展，前期主要创新是纺织业，其他创新重点涉及采矿业、钢铁业和铁路业。工业革命时代的创新，通常是以降低价格的形式提高消费者生活幸福度，由于当时没有专利保护政策，创新迅速地流通于各行业之中。工业革命时期英国创新率不断提高，但其生产收益报酬并不高，当时英国经济的快速增长主要来自创新的供给量。在工业革命发展阶段，由工业兴起引致生产率快速提高促使部分西方经济体开始跳出马尔萨斯陷阱。西方经济体进一步通过地理大发现和较成熟的航海技术,将创新技术扩散至更大的市场空间,因此,技术进步和新市场的占领引致了持续高速的经济增长。一般可以依据劳动生产率、全要素生产率的水平以及长周期波动次序判断创新引领者和跟从者。显而易见,英国是第一次工业革命自主创新最主要的引领者。1870~1914年,自主创新的主要引领者是英国、美国、法国和德国,日本是典型的跟从者。1919~1939年,自主创新主要来源于美国和法国;第二次世界大战结束以后,大多数创新均是来自美国,其后是英国等国家,法国、德国和日本均是跟从者。

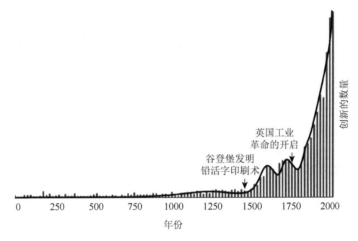

图 5.2　创新数量的增长趋势（0~2000 年）

资料来源: Tvede（2006）

第二次世界大战后各经济体普遍实现高速增长,是自主创新和创新技术在全球范围内扩散的共同作用的结果。20 世纪 70 年代全球经济增长的停滞,部分可由自主创新在全球性范围内的停滞来解释,特别是直接促使总需求提升的技术创新。20 世纪 80 年代后,美国和英国的自主创新进程温和回升,法国、德国和意大利则表现为下行趋势。美国直至现今仍是自主创新的引领者,但对于跟从者的绝对冲击量和外溢效应都有明显的下降。从技术扩散的速度来看,美国自主创新冲击一般在一两年内就会对其他 G7 国家的全要素生产率产生影响,五六年后的影响基本消失。当然,由于各国禀赋条件不同,对美国创新吸收的速度和程度也存在差别。自主创新是唯一主动可控的、实现长期经济增长的方式,也是后工业革命阶段仍能继续维持增长的唯一方式。美国在 19 世纪末超越英国的原因不是单方面的,其中,两个主要的方面包括国内市场的扩张和大量移民增加的劳动力与技术（人力资本）,分别从需求和供给两个层面解决了创新问题。若非引入英国的新技术，美国工业化进程不可能如此迅速。至 19 世纪中叶后，美国甚至开始向英国扩散和输出新技术。

工业革命爆发的根源来自人类将知识资本应用于实际生产中，知识资本投资促进生产效率的提升，实现了机器生产替代原始劳动力并超越人力生产效率。因而，在工业革命初期呈现出人口与人均产出水平同时指数型增长的空前局面。工业生产打破了国土区域范围的限制，劳动效率的进步引致社会总产出超越社会基本需求的上限，人口增长不但不会受到食物不足的制约（可以通过全球贸易来获取），反而成为扩大工业生产规模的必需条件。在此阶段人口增长对需求持续增长存在清晰的正效应。也只有在这一阶段，资本主义经济进入大工业分工的劳动密集型生产阶段，劳动人口增长提升了劳动密集度，促进了规模经济效应，提高了总体生产效率，同时也提高了个体的劳动工资收入水平。这形成一种人口增长促进收入的良性循环，形成人口增长—收入增长—个体需求增长—总体需求增长的动态过程。工业化发展初期阶段，供给侧各方面的快速发展形成较成熟的创新技术、大量的人力资本劳动以及丰富可贸易的资本要素等，由于存在非常大的市场需求空间，这一阶段供给侧各方面的发展是决定经济增长的主要因素。

三、后工业化阶段的经济增长

随着核心工业化技术的不断发展，各国必将在高端制造业领域一决雌雄。无论是出于被迫或是主观意愿，各国都必须也必然为本国的发展选择适合的发展路径。市场的争夺、技术的领先、人才的存储和可持续培养等必将成为决胜未来的重要因素。我们已经清晰地看到，在物质相对紧缺的年代，即工业化前或初期的阶段，供给能力决定了经济增长水平。但在产能过剩的经济中，即工业化水平已经充分发展的经济中，决定经济增长的主要方面已经不再是供给能力的问题，而是需求侧的问题，需求不足或凯恩斯笔下的有效需求不足才是限制经济持续增长的重要方面。需求已成为制约经济增长的主要因素。中国经济在 1990 年以后逐渐进入买方市场，相对过剩成为大多数主要产业的特征（除了一些新生产业），需求成为决定多数产业均衡的矛盾的主要方面。因而，在从卖方市场向买方市场转换的过程中，如何有效掌握和把控需求规律、需求影响因素以及机制和需求的可持续性发展等是矛盾的主要方面。

现实中，在一般成熟的经济中（脱离了重要的转轨阶段进入平衡增长的均衡阶段），经济增长的实现由供给侧和需求侧两方面因素共同决定。其内在的逻辑机制是，生产的任何产品都需要得到市场的接受和消费，生产行为才得以实现，如此才能成为真实的 GDP 的部分。如果商品无法售出，生产行为就无法实现，也就无法对经济增长产生实际贡献。这就要求产出要有恰当的需求（或自治的需求）

与之匹配。同时，有效需求的形成又需要确定的收入来支撑，收入增长的主要来源又在于生产的良性发展。所以，只有供给与需求两个方面一致增长才能实现实际的经济增长。任何一方的单方面增长都不能实现实际的经济增长。而且，只有当供给与需求两方面的增长是可持续的，长期增长才是可持续的，否则将表现为短时的和波动的，甚至是螺旋式萧条的。因而，问题的关键就在于供给与需求两方面如何才能实现持续的、联合一致的增长，供需双向的变动也是决定倒"V"形长周期机制和规律的主要因素。

进入后工业化发展阶段，正如我们已经观察到的欧洲经济进入 20 世纪后所呈现的景象，随着工业化程度的日益深入，人均收入水平不断增长，但人口却呈现反向向下的趋势。这一现象非常具有普遍性，所有的发达经济都有同样的人口下降的现象。Galor 和 Weil（2000）等内生增长和一致增长理论的杰出代表学者对后工业化阶段的特征有很好的解释：随着工业化程度的日益加深，社会对劳动者的技术和知识化水平的要求越来越高，劳动者形成的时间成本和资本成本大幅度提升，家庭供给社会需要的合格劳动者的能力下降，妇女在时间机会成本持续增加的条件下，生育意愿下降。同时，随着工业自动化生产线和智能化发展，人工劳动需求持续减少，纵向技术进步持续挤出劳动。这些方面的因素所形成的影响是如此之大，以至于远远超越了收入水平上升所带来的生育意愿，最终表现为人口的实际下降。因而，在后工业化阶段，人口无法形成有效的需求拉动效应，因为人口是不增加的。进一步分析，人口数量是决定产业规模和市场需求的主要因素，实物产品的消费决定了产业的健康发展和经济的持续增长。一方面，人口对实物产品的消费存在较强刚性，人口数量的下降导致需求市场的缩减，进一步导致了产业规模的减小，最终制约经济的持续增长；另一方面，居民家庭对同一类效用产品的需求存在有限性特征，供给侧的发展受约束于需求侧因素。表 5.3 为人口需求效应、实物产品需求效应及产业结构变化情况在不同发展阶段的表现。

表 5.3　人口需求效应、实物产品需求效应及产业结构变化情况的阶段表现

阶段	马尔萨斯阶段	工业革命初期阶段	后工业革命阶段（后工业化阶段）
人口需求效应	无持续增长效应	有持续增长效应	无效应
实物产品需求效应	供给小于需求	供给追逐需求	供给大于需求
产业结构变化	农业产品占比最大	工业产品占比最大	服务业占比最大

自工业革命以来，在资本主义经济体系内持续发展的周期性经济危机形成了这样的循环规律：技术进步或市场再分配→市场需求空间扩大→市场需求空间饱和→增长衰减（严重时引致经济危机）。其中，市场需求存在有限性特征是后工业

化阶段制约经济持续增长的主要因素。技术创新推出不同的多样性、多功能产品，由于居民需求存在有限性特征，单一产品的需求数量不随收入水平的提升增加，而产品种类的快速增长将引致经济的快速增长。经济的发展会使得产品的复杂程度提升，单一产品升级为复杂多功能产品进而替代其他产品，产生"创造性破坏"，这是技术进步的重要表现。实际上，各经济体快速增长的时段均伴随着产品生产种类和数量的增长。后工业化阶段，供给侧方面创新技术的成熟、人力资本劳动的提升以及自然资源要素的充足也无法改变各经济体普遍的经济衰减现象，其主要原因是市场需求存在有限性特征。需求饱和现象最为显著地发生在第一产业和第二产业，人们对食物（第一产业）和商品（第二产业）的需求会随着收入水平的增长最终达到饱和，而将更多的消费需求集中于第三产业，正如一些经济学家观测到的产业结构变迁现象。

　　经济结构变迁理论认为，产品的消费结构随人均收入水平的提升而逐渐出现"广义恩格尔定律"的变化，即农业部门的产品消费比例逐渐降低，工业部门的产品消费先上升后下降，而服务业产品的消费逐渐上升，如图5.3～图5.5证实了各国这一经济结构变迁过程的现象。经济学者利用跨国数据进行分析，发现各经济体由农业型社会发展至工业型社会最后达到成熟稳定的后工业化社会后，第三产业（服务业）的产值占比和对经济增长的贡献率将持续提高，逐渐成为三次产业中产出和就业比重最大的产业，这一现象在中国已经发生，如图5.6～图5.7所示。在各经济体发展过程中，劳动份额的占比由第一、第二产业（进步部门）逐渐转移至第三产业（非进步部门），这种转移过程将引致各经济体的经济增长率逐渐放缓，最终降至0，形成著名的"鲍莫尔成本病"。人均收入水平的提高，会导致居民家庭需求结构的转变。当一个国家经济发展到中等偏上收入阶段，在向高收入过渡时期，居民需求会发生巨大变化。更深层次地分析，居民家庭在此阶段的需求消费从以实物消费为主转变为服务消费与高质量的事物（包括奢侈品）消费并存，并逐渐转向以服务消费为主。然而，值得思考的是作为以制造业为主的第二产业是各国实体支柱产业的命脉，关乎一个国家的劳动就业、需求消费、整体人均收入等各方面的发展，然而各经济体居民家庭对各类商品的需求是有限的，伴随时间的推移逐渐趋于需求饱和的状态，这迫使经济结构中的第二产业逐渐衰减，将投资需求、劳动供给、资本要素等转移至第三产业，这也就产生不利于经济良性可持续增长的现象，即"鲍莫尔成本病"现象。当前经济环境下，中国防范经济增长滞胀或停滞问题，首要解决的应是治好这一"鲍莫尔成本病"，这最终归结于解决市场需求瓶颈问题。进入后工业化阶段，经济发展受到全球性多个实物产品的大范围市场饱和的限制，人类经济活动达到瓶颈时期，即对应上述过程中：市场需求空间饱和→增长衰减（严重时引致经济危机）。在后工业化发展阶段，经济增长点由供给侧因素决定方转为需求侧，其中，市场需求的有限性是制约经济持续增长的主要因素。

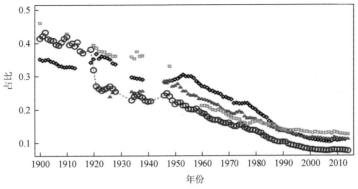

图 5.3　各国农业消费支出占比变化趋势

资料来源：Alder 等（2022）

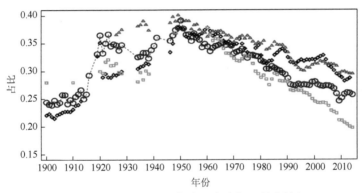

图 5.4　各国制造业消费支出占比变化趋势

资料来源：Alder 等（2022）

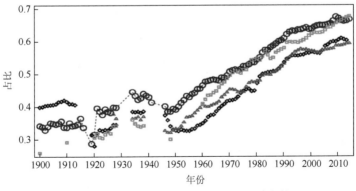

图 5.5　各国服务业消费支出占比变化趋势

资料来源：Alder 等（2022）

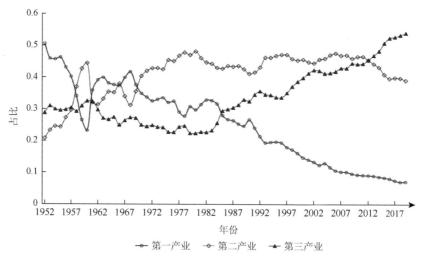

图 5.6　中国三次产业产出占比变化趋势（1952～2019 年）

资料来源：国家统计局

图 5.7　中国三次产业就业占比变化趋势（1952～2019 年）

资料来源：国家统计局

综上分析，各时期决定经济增长的主要因素不同，马尔萨斯时期决定经济增长的主要因素是人口数量和土地供给，这两个主要的因素又进一步决定着劳动力供给数量和粮食产量。这一时期可看作无技术进步的发展，也不存在机器替代手工劳动力的工业化生产，从而无法摆脱以人口数量这一指标决定的劳动力供给数量，最终形成正弦式的人口增长趋势，无法突破人口数量的天花板。因此，经济增长主要受限于土地供给、技术进步、工业化发展等供给侧方面的因素无法逃离马尔萨斯陷阱，无法实现经济增长。然而，在工业化初期决定经济增长的主要因素是技术进步、人力资本和资本要素。这一时期出现了将知识资本应用于现实生活生产的工业机器设备，从而替代并超越了原始手工劳动力的生产效率，实现了粮食的大量生产和人口的快速增长。这一时期拥有先进技术的少数国家通过可贸易的资本要素和大量工业化生产商品实现经济的高速增长，同时，由于当时市场需求空间极大，几乎不用考虑市场需求的问题，整体市场上的商品处于供给小于需求的状态，因此，萨伊的供给创造需求理论在工业化初期阶段是可行的。在后工业化阶段，决定经济增长的主要因素是市场需求，即市场的需求存在有限性特征。这一时期由于技术创新的不断扩散、整体人力资本水平的提升、全球贸易化的加深等因素引致市场竞争非常激烈，可以说谁抢占了需求的市场谁就可以实现经济增长。同时，人口数量在这一期间逐渐下降引致人口增长对经济增长不存在明显的促进作用，大量的实物商品伴随工业化的加深其需求逐渐达到饱和状态。因此，在后工业化阶段决定经济增长的主要因素是市场需求空间，而这也成为各经济体经济增长停滞甚至衰退的主要原因。

第二节　各国倒"V"形发展趋势分析与大国地位变化

本节试图从各国出现的重大产业的兴衰发展与需求市场空间的角度分析各国崛起与衰退的倒"V"形发展趋势和原因，并且具体分析哪些主导因素决定了各大国地位的变化与交替。在对各国经济发展史的研究中，发现起初在各经济体的财富和权力不断增强、聚集的过程中，均伴随着重大主导性产业的兴起和发展，这是拥有主导性产业国家通过贸易增加本国财富的主要方式，政府通过产业发展获得巨大财富并进一步分配于军事力量建设，从而军事力量和国际地位也随之提升。由于重大主导性产业的发展具有周期性，受约束于多重方面的因素，其中，最重要的方面则是市场需求空间。在英、法等帝国的殖民贸易时代，一系列战争的发起和殖民地的掠夺，其目标均是开拓和扩大市场需求空间，促使本国产业生产的产品被更大的市场消化和吸收，实现市场需求空间的扩张从而进一步累积更大的财富。由此可见，殖民列强不惜利用巨大财富来建设强大军事力量和发起多次武力战争打开新的需求市场以及扩大需求空间。在重要主导性产业、技术进步以及原材料贸易并未充分扩散的工业革命初期，殖民列强已经开始争夺市场需求空间，显然，市场需求空间对经济增长、财富积累以及军事力量举足轻重。

达利欧（2022）基于教育水平、竞争力、技术创新、GDP、贸易份额、军事实力、金融水平以及储备货币量8个指标计算出各大国的财富和权力综合水平，研究过去500年间3个储备货币国家（荷兰、英国和美国）和其他6个重要国家（德国、法国、俄罗斯、印度、日本和中国）的兴衰过程。不同国家各方面条件不同，开始进入工业化发展的时间也相应存在差别。显然，创新决定了不同国家经济起飞的时间差异，也决定了在发展过程中国家之间追赶和超越。在工业化初期阶段，随着创新技术的不断扩散和供给能力的提高，这一时期由于市场需求空间很大甚至处于供不应求的状态，各国经济进入高速增长时期并对应倒"V"形长周期的上升过程。然而进入后工业化阶段，生产力相对发达的国家对需求市场空间进行激烈竞争，由于总需求市场空间有限，因此需求侧有限性特征引致倒"V"形长周期的下降过程。沿着时间发展的顺序，各经济体依次经历了马尔萨斯时代、工业化初期阶段以及后工业化阶段，图 5.8 描述了各经济体大国相对地位的变化，除中国以外的几个主要西方老牌经济体均走出一个近似倒"V"形长周期的发展趋势。

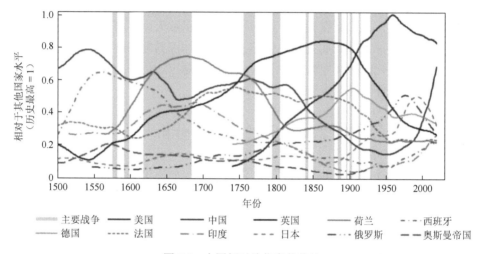

图 5.8　大国相对地位变化估计

资料来源：达利欧（2022）

如图 5.8 所呈现的各主要经济体形成大国地位变化、兴盛交替的过程离不开不同时期对应的重大核心产业发展的引领作用、爆炸式的工业革命发展以及市场需求空间的有限性约束这三大因素的主导作用。余下部分本节结合这三大因素对各经济体财富和权力共同决定的地位变化做出细致分析。

一、西班牙和荷兰的荣衰

西班牙在 16～17 世纪是西方世界最发达的国家，航海业的快速发展和殖民扩张带给西班牙大量的财富和海外领地。在明朝时期，东方世界内最富足、昌盛的国家为中国，在各方面的实力对比中强于西班牙。法国史学家阿尔德伯特等（2014）指出，"据数据统计，16 世纪末，西班牙持有全世界 83% 的金银，通过航海获得了 225 万千克的黄金、1 亿千克的白银，无数的可可、棉花和糖类等农产品"。大航海时代，西班牙不断的海外扩张初步形成了强大的大西洋贸易体系，欧洲殖民国家先是把非洲的奴隶贩卖到美洲，再把美洲的金银、材料运回欧洲，进一步将运回的原材料加工制成成品后再贩卖给欧洲和美洲。大西洋贸易体系的建立对工业革命爆发具有一定的催化作用，譬如 20 世纪著名经济史学家奇波拉（1988）认为，"欧洲强国的海外殖民扩张是工业革命的发展的必要条件之一"。

实际上，西班牙在 16～17 世纪的迅猛发展归结于两个主要因素，一是发达的航海技术，二是海外的殖民贸易。在马尔萨斯农经时代背景下，西班牙通过海外殖民扩张得到的巨大财富和原材料在王室和贵族当权下并没有推动经济持续增长。西班牙的衰落主要原因一方面是西班牙的制度存在严重问题，另一方面是西班牙政府把财富用在无休止的宗教战争上。16 世纪西班牙仍是一个以农业为主的国家，农业生产在社会经济中占据重要作用，农业制度的优劣直接影响农业产出。当时的农耕技术有相应的改进，生产技术的提高可以直接促进谷物的生产。然而，当时西班牙贵族统治者人数占据全国人数不到 2%，却占用土地总量 95% 左右，而占据全国人数 95% 的农民大多数没有土地。这种封建贵族占据大量土地的制度具有延续世袭性，使得农民失去了生产积极性，而大量土地的私自占有制度从根本上限制了农业生产。另外几个限制农业生产发展的因素包括水利政策、粮食价格政策以及农民移民政策。

西班牙人通过夺取世界各地的航船和军事力量，控制了占地球陆地 13% 的大片地区，其中就包括荷兰。但是在 1581 年，荷兰破除西班牙约束，并在此后继续超越西班牙和中国，成为世界上最富有的国家。荷兰强盛发展的整个过程发生在1625～1780 年，并在 1650 年左右达到富强顶峰。这一时期，荷兰造船和航海技术的逐步成熟以及合理的社会制度，促使全球化贸易体系的发展进入上升时期。荷兰维持最富有国家近 100 年中最重要的因素有两点。一是荷兰通过教育提高人力资本水平，并进一步创造了很多发明，至 17 世纪中叶他们的发明创造占据世界主要发明创造的 1/4。其中，重要的发明创造是船舶，形成满足全世界需求的船舶制造业。二是资本主义模式的资源分配制度。1602 年，荷兰人创立了第一家上市公司（荷兰东印度公司），并构建了第一个成熟的借贷体系。在航船创造和资本主义制度的推动下，荷兰人成为世界上最大的贸易商，占世界贸易的 1/3。第一种真正意义上的储蓄货币出现于荷兰。荷兰盾成为近似于黄金和白银且具有储蓄价值的货币，因为当时荷兰盾的交易活动的范围已经涉及世界各主要地区。在这些有利条件的推动下，荷兰在此基础上继续崛起，直到 1700 年左右，英国开始强劲发展。

《强权与富足：第二个千年的贸易、战争和世界经济》一书中记载了荷兰在1600～1775 年，无论是驶往亚洲的船只数量还是商品贸易吨数与其他先进国家（葡萄牙、英国、法国等）相比均是最多最大的，如图 5.9 所示。这一数据充分证实了在当时哪个国家掌握先进的航海技术和拥有更多的船只，哪个国家更易于进行全球化贸易，实现本国财富的增加和军事力量的增强。这一时期的经济增长最终归于航海产业和贸易业的发展程度，同时，在生产和贸易过程中几乎不必考虑竞争者去竞争需求市场空间，因为在当时世界整体的航海船业发展不健全且贸易程度并不深入和成熟。

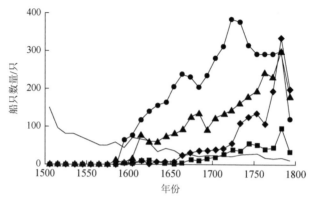

(a) 每10年驶往亚洲船只的数量

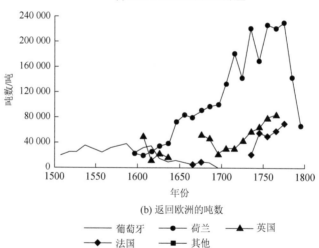

(b) 返回欧洲的吨数

图 5.9　环好望角的贸易（1500～1800 年）

资料来源：芬德利和奥罗克（2012）

在荷兰繁荣发展的时期，航海船舶产业、贸易产业以及资本主义模式的分配制度是推动荷兰帝国兴盛登顶的主要原因，同时，荷兰帝国强盛发展的外溢效应促使周边国家在资本、技术和军事方面也得到发展。因此，欧洲其他国家对于荷兰帝国的威胁性和竞争性也随之增强，荷兰帝国面对其他国家的竞争引致在各方面的发展中逐渐失去优势，竞争力也越来越弱，利润越来越少，面临的挑战也越来越大，特别是英国在经济和军事上逐渐成为荷兰明显的竞争对手。当时的英国在军事建设中出现大量的发明，并建立了大范围的海军力量，进一步提升了本国在世界上的权力和地位。1750 年左右，英国在经济和军事上成为一个比荷兰更强大的国家。荷兰变得负债累累，在财富问题上有很多内部争斗，有一支强大的军队处于弱势和分裂状态，这使他们很容易受到攻击。英国逐渐成为众多相互竞争的国家中最具有发展潜力的国家，其中，荷兰帝国最重要的航海运输业务被英国抢走。这场从 1780 年持续到 1784 年的战争被称为第四次英荷战争。英国人在财政和军事上对战荷兰取得全面胜利。最终，导致荷兰出现债务危机，荷兰盾和荷兰帝国崩溃。

以下我们重点关注这一时期荷兰出现的核心产业的发展，正是这些核心产业的兴盛与发展支撑了荷兰成为世界第一大国。

荷兰成为这一时期世界上最富裕的国家，其原因包括继承、人力资本、文化形成以及个体和群体的相互作用等因素。荷兰帝国的兴盛无论是任何某一个因素的决定性作用还是多个因素的相互作用，其最终体现在国家的产业发展上。16 世纪中叶，隶属于西班牙统治下的荷兰发动战争起义，在 1581 年获得了独立。荷兰王朝在 1625～1750 年处于世界最富有国家的位置，这一时期超越了中国和西班牙。下面给出支撑荷兰成为世界最富裕国家和形成强大的四大产业的具体分析。

（1）教育业。摆脱西班牙的统治后，荷兰逐渐成为一个更具有活力、创造力、开放性的国家。荷兰在当时的观念和文化中对教育非常重视，这使得整个国家的人力资本水平大幅度高于其他国家，如图 5.10 所示，荷兰成立的大学数量最多时约占世界 7.5%，如图 5.11 所示，荷兰出版的书籍数量最多时约占世界 11%。在其鼎盛时期，正是由于荷兰对教育的重视，如图 5.12 所示，世界上约 1/4 的重大发明是由荷兰人贡献的，包括功能先进的船舶和适应当时社会发展的资本主义制度。

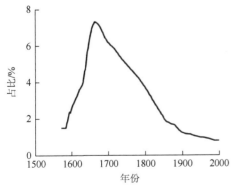

图 5.10 荷兰成立大学数量占世界比重

资料来源：达利欧（2022）

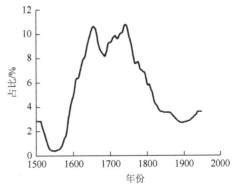

图 5.11 荷兰出版书籍数量占世界比重

资料来源：达利欧（2022）

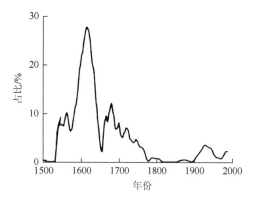

图 5.12   荷兰重大发明占世界比重

资料来源：达利欧（2022）

（2）航海船舶业。荷兰人在当时对于学习非常勤奋引致其整体教育水平很高，并且人们非常具有创造力。人力资本水平的提高作用于开发和创新航海船舶产业上，发明出当时性能和技术最为先进的船舶。航海船舶产业的兴旺发展，为全球范围内的贸易业发展提供优良的基础条件。

（3）贸易业。荷兰人在发明先进船只进行全球贸易的基础上，建立了世界上第一大贸易公司即荷兰东印度公司。如图 5.13 所示，荷兰在鼎盛时期的贸易额约占世界 2/5。

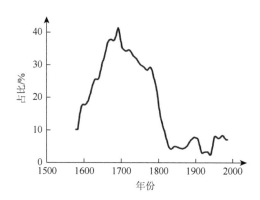

图 5.13   荷兰贸易额占世界比重

资料来源：达利欧（2022）

（4）金融产业。在当时主要以金银为交易货币的时期，荷兰人创造了银行和货币体系，并创造了最早的储蓄货币即荷兰盾。荷兰创建了世界上第一个跨国公司即荷兰东印度公司，这促使资本市场的投资者可以顺畅、高效地进行资本交易，催生了一个财富迅速积累的新时代。1609 年荷兰成立阿姆斯特丹银行，在金融交易中实现了货币的稳定性，荷兰货币、金融体系以及银行信用成为全球金融的核心。

除上述四大产业发展支撑荷兰成为最强盛的国家外，还有一个重要因素即资本主义制度。荷兰帝国的崛起和发展得益于一群政治家的力量所推动，并不是由一个君主或领导人引领，这使得每个地区均能够保持高度的主权。这一资本主义制度的形成为荷兰社会进步和核心产业发展提供了优良的发展环境。

二、英国和法国的崛起

荷兰达到兴盛的主要因素之一是造船和航海技术的发展，英国同样在工业化发展下推出大量创新技术应用于工业机器生产，并通过海外殖民贸易扩张进一步积累大量财富，成为在 1750~1900 年近一个半世纪的最强帝国。荷兰的教育和先进技术被学习和传播，然而，18 世纪中叶的工业革命使得英国超越荷兰，成为欧洲第一经济和金融大国。荷兰这一时期的经济增长相对于欧洲其他国家（英国和法国）放缓，多次的军事战争导致荷兰积累大量的负债。荷兰在与英国的战争中，多次战败，因此，荷兰货币地位衰落，荷兰盾逐渐被淘汰。

英国在工业化初期，"圈地运动"的结果导致大部分从事农业活动的英国人被迫转移至工业部门，具体表现为政府强制农场整合并统一管理，进一步导致劳动者的财富被掠夺，同时通过不断创新出机械设备实现机器工业生产并逐渐替代原始手工业生产的过程，进一步将创新技术扩散至其他国家。英国势力增长阶段除了技术创新外的最大因素是海外殖民贸易，这使得英国具有广阔的需求市场，源源不断地输出本国生产的工业产品，并通过工业生产强化军事力量进一步扩大殖民领地。表 5.4 为 1699~1774 年英国出口商品的数据，贸易业发展赢得的高额财富为英国进一步发展工业化和建设军事力量提供了重要的支撑。

表 5.4　英国出口商品数量　　　　单位：万英镑

商品	地区	1699~1701 年	1722~1724 年	1752~1754 年	1772~1774 年
毛纺织品	欧洲大陆	274.5	2 59.2	3 27.9	263.0
	爱尔兰和海峡群岛	2.6	1.9	4.7	21.9
	美洲和非洲	18.5	30.3	37.4	114.8
	印度和远东	8.9	7.2	23.0	18.9
其他商品	欧洲大陆	45.6	36.7	64.7	98.7
	爱尔兰和海峡群岛	6.0	4.0	16.8	28.0
	美洲和非洲	29.0	37.6	119.7	253.3
	印度和远东	2.2	1.5	40.8	50.1

续表

商品	地区	1699~1701 年	1722~1724 年	1752~1754 年	1772~1774 年
再出口商品 （所有市场）	烟草	42.1	38.7	95.3	90.4
	食糖	28.7	21.1	11.0	42.9
	胡椒	9.3	4.4	10.4	11.0
	茶叶	0.2	26.7	21.7	29.5
	咖啡	0.2	15.1	8.4	83.7
	稻米	0.4	6.3	20.6	36.3
	白洋布	34.0	48.4	49.9	70.1

资料来源：芬德利和奥罗克（2012）

工业化初期英国成为最早的"世界工厂"，工业制成品的需求市场巨大可输送供给整个世界市场，出口贸易的高增长为英国制造业赢得了更大的规模优势，压制甚至消除海外市场当地竞争者的发展空间，并且英国以武力战争的手段殖民其他国家为自己的国际分工体系打下基础。显然，英国在第一次工业革命中以纺织工业、蒸汽机等核心产业为支柱，大量产品和海外贸易引致经济高速增长。在这一时期，垄断技术和成熟的生产方式形成较完善的供给体系，工业产品的市场需求空间遍布世界各地，英国工业发展处于一个供给小于需求的持续增长过程。然而，随着创新技术的不断扩散和海外市场的分割，英国的工业生产垄断力量和供给市场不断被削弱，因此，需求市场也进一步被分割和抢占，导致英国工业优势丧失和产业空心化。除此之外，英国对于技术革命过于保守的态度，顾虑发展新技术新产业的失败成本等因素也是英国衰落的重要原因之一。

1789~1815 年为法国工业化发展的准备与起步阶段，英国工业化发展创新出许多新发明和新技术并陆续扩散进入法国。实际上，法国大革命之前军队已经开始使用蒸汽动力。大革命开始以后，政府通过鼓励和奖励创新发明来激励工业化的发展，这促使法国的工业技术水平实现显著的提升，进而对工业化发展产生重大贡献。法国第二阶段的工业化发生于 1815~1848 年，这一时期的法国生产资料短缺导致农业也没有得到很好的发展，相较于英国的发展逐渐走下坡路。在这一时期，蒸汽机数量的不断增加成为工业化发展的主要标志，据统计 1815 年至 1845 年，法国蒸汽机的数量从 200 台增加至 5200 台。伴随着工业化技术的进步与加深，机械化不断应用于轻纺业、运输业和开采业的生产活动中。19 世纪 30 年代，铁路的出现是驱动法国交通运输业发展的主要力量，铁路在扩大人们活动范围的同时也推动了法国工业近代化的进程。

在 1848~1870 年，法国的轻纺业、运输业和开采业在这一时期高速发展，由此，法国逐渐由农业社会发展成工业社会。其中，钢铁煤炭的产量呈倍数增长，成为世界第二产量大国，仅次于英国。同时钢铁产业的快速发展为机器制造业、航船、汽车产业的发展提供基础。至 1870 年，纺织业的机械化程度大大提高，交通运输业中的铁路建设里程长达 17 000 千米。法国交通运输业中铁路的迅猛发展进一步加速工业革命的进程。在这一时期，法国的工业产值占比逐渐赶超农业产值占比，这标志着法国已经成为一个仅次于英国的工业化强国。

1870～1913 年是法国进行第二次工业革命的时期，农业、工业、商业和运输业进一步发展。煤炭开采业蓬勃发展，1880 年至 1913 年煤炭、钢和生铁的产量分别增加 2 倍、12 倍、4 倍，蒸汽机从 41 772 台增至 81 740 台。在此期间，电的应用成为工业化社会再次进步的关键。工业化进程中的法国，在生物化学、科学技术与科研教育等领域中实现全面发展，进一步促使工业近代化的继续与完成。同时，法国像英国一样在全球各个地区进行进出口贸易发展，表 5.5 为英国和美国的贸易对比数据。

表 5.5　1987～1989 年英国和法国的贸易　　　　　单位：万英镑

进出口国家和地区	国内出口商品		再出口商品		进口商品	
	英国	法国	英国	法国	英国	法国
本国殖民地	691.9	361.0	171.9	3.3	1483.0	917.3
美洲殖民地	61.7	200.0	2.0	—	1 096.0	—
美国	256.7	5.6	33.4	5.0	124.6	40.1
欧洲和黎凡特	774.1	675.0	279.7	692.1	995.8	1196.4
总计	1784.4	1061.7	485.2	6 96.0	2713.2	2153.8

综上分析，法国在从农业社会逐渐转变为工业社会进程中，都是依赖于技术的不断创新和进步，但技术的进步在各方面是不定的、不均匀的。法国整体社会仍处于一个具有农业社会特征的状态，很多行业仍依靠劳动力手工生产。20 世纪初的法国从事农业的劳动力人口仍占大多数。因此，法国与英国不同，它的工业发展并不具有代表性，更像是跟随英国发展成长的国家。

以下我们重点关注于这一时期英国工业革命爆发出现的大量创新与各大核心产业的发展，同时正是这些技术创新促使更多的主导性核心产业快速发展。由于当时的英国先进技术几乎处于垄断状态，而市场需求空间又非常大，竞争者几乎不存在，由这些原因引致出"供给创造需求"的经济环境，最终促使英国在这一时期成为世界第一大国。

1750 年左右英国超越荷兰成为世界第一大国。这一时期的工业革命爆发是催生英国成为世界超级大国的主要因素。更深层次的研究发现，英国起飞的历程离不开各大核心产业的发展，良好的教育产生优质高水平的人力资本，将知识资本应用于工业创新中进一步生产机器设备，工业机器设备应用于农业和工业生产中大大提高了生产效率和生活便利。再者，新技术的创造同样运用于航海业、军事业、贸易业的建设中。以下对英国教育业、农业、制造业、军事与航海业和贸易业六大核心产业进行分析。

（1）教育业。经历了英荷30年战争后，在此期间欧洲整体不同的思想意识形态、宗教信仰和经济发展得到了深度的交流和碰撞，这些冲突和矛盾初步建立了一个具有新秩序和新法治的欧洲。在英国，基础教育方面如识字率通过大量的印刷书籍广泛传播得到提高，这也为之后发生的启蒙运动埋下伏笔。英国受益于启蒙运动思想，对科学和发明非常重视，同时也产生了适应社会发展的政治制度和法治条约。英国具有受良好教育的人口和重视发明创新的文化，进一步将知识资本较好地应用于工业生产、设备创新以及改进机器效率上，因此在这一时期产生了世界上最多的发明创造。如图5.14和图5.15所示，在1700～1900年英国重大发明占世界比重最大，这正是基于这一时期英国教育业的兴盛发展。

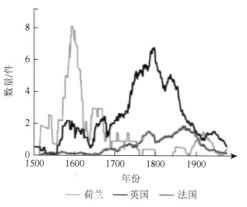

图5.14　重大发明（每100万人）

资料来源：达利欧（2022）

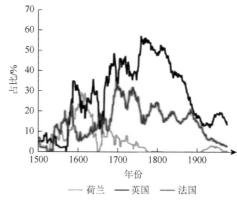

图5.15　重大发明占世界的比重

资料来源：达利欧（2022）

（2）农业。工业革命实质上是一场生产力革命，在工业革命发生之前，英国农民已经在悄悄进行一场"农业革命"。农业方面的发明创新直接提高了农业产出率，大幅度降低了从事农业的劳动强度。英国农民通过增加耕地并提高其利用率促使18世纪的英国粮食产量增幅约为43%，恰好满足同时期英国40%～50%的人口增长。农业的快速发展为人口增加提供根本的保障，食物种类的丰富、价格便宜引致英国人口激增，1760～1820年的英国人口从650万人快速增至1200万人，在当时及之前的英国历史乃至世界上是很少发生的。英国农民谷物产量从1760年的

1700万夸特①增加至1820年的2800万夸特。产量的大幅度增加主要原因归结为"圈地运动"的发生、资本主义化的农业制度以及高效农耕方法的普及推广，并不是因为农业技术方面发生重大创新。农业快速发展的多方面因素促使更多的劳动力供给转移至城市，为工业化发展提供良好的基础性劳动力。

（3）制造业。1698年蒸汽机的问世标志着工业革命的爆发，至此逐渐创新出不同的机器设备，包括新机器以及在此基础上改良的机器设备。如表5.6所示，工业革命初期的不同时期出现了不同的创新机器设备。

表 5.6　工业革命初期的不同时期出现的不同创新机器设备

年份	制造业机器设备创新
1698	蒸汽机发明
1744	丝绸工厂建立
1733	飞梭纺织机发明，基础性纺织厂建立
1764	珍妮纺织机发明，多轴纺织厂建立
1765	分离式冷凝器发明
1769	水力纺纱机发明
1785	动力织布机发明、铁的精炼技术进步
1814	蒸汽机车发明
1825	铁路蒸汽机车
1825	铁路开始建设

在制造业发展初期，英国扮演着引领创新的角色，其技术创新不仅应用于本地工业生产上，还不断扩散至其他国家进一步发展。如图 5.16 所示，1860~1900 年英国制造业占世界比重保持最高水平。

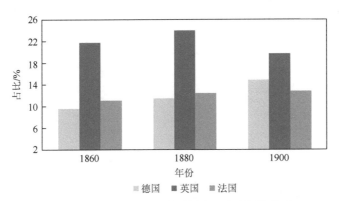

图 5.16　英国、德国和法国制造业占世界的比重

资料来源：达利欧（2022）

---

① 1 夸特 = 12.700 586 千克，英国重量单位。

（4）军事业和航海业。随着英国成为世界经济第一大国，为了便于在全球范围内建立海外殖民地以顺利实现全球贸易，1870～1910年英国在军事建设开支上几乎占全球军事开支最高水平的比重。如图5.17所示，1880～1920年的英国战舰吨位高于德国，如图5.18所示，1870～1910年，英国占全球军事开支的比重整体大于德国。军事业的发展帮助英国在海外殖民地掠夺上较其他欧洲国家更具有优势，并进一步实现了对全球贸易路线的掌控，也为贸易业发展创造了腾飞的基础。

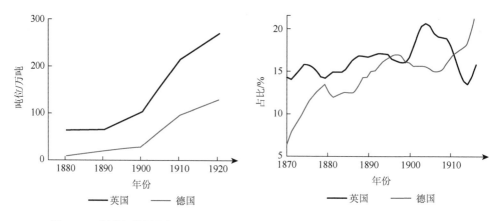

图 5.17　英国和德国战舰吨位
资料来源：达利欧（2022）

图 5.18　英国和德国占全球军事开支的比重
资料来源：达利欧（2022）

英国在1870年左右达到了发展的巅峰状态，其收入占据世界的20%，贸易量占全球总量的40%，其控制领土（包括海外殖民）面积为20%，人口数量占全球的25%。如图5.19所示，1750年英国开始进行扩张领土面积，至1930年左右达到顶峰，约占全世界面积的23%。

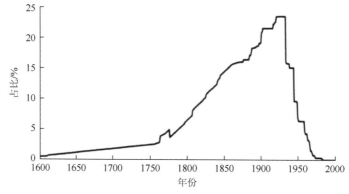

图 5.19　英国面积占全世界比重
资料来源：达利欧（2022）

（5）贸易业。伴随工业革命的进程和英国殖民地的扩张，英国占全球出口份额比重不断上升，如图 5.20 所示，在 1850 年左右其出口占世界出口总额的 45%，与此同时，英国贸易量超过荷兰成为对华进出口贸易量最大的国家。

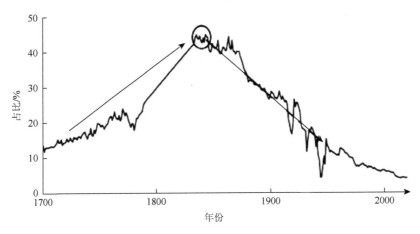

图 5.20　英国占全世界出口的比例

资料来源：达利欧（2022）

如图 5.21 所示，在 1700～2020 年以英镑计价的全球贸易占比走出一个显著的倒"V"形趋势，至 1850 年左右以英镑计价的全球贸易占总贸易的 55%。

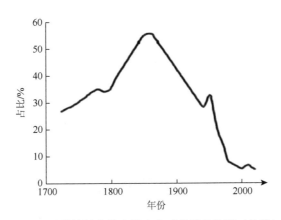

图 5.21　以英镑计价的交易占全球交易的比例（估值）

三、美国和日本的引领

美国南北战争后实现统一，以购买土地的方式向西海岸扩大市场空间。在 19 世纪 80 年代左右开始的第二次工业革命浪潮中,美国和德国相继完成了产业发展的跨越式进程,占据电器、内燃机、化工等新兴产业的主导地位,主要工业品产量超越了英国。如图 5.22 所示,这一时期的美国创新发明逐渐赶超英国和德国。工业增加值和 GDP 总量在 19 世纪末相继赶超英国。人均工业增加值和 GDP 总量均在第一次世界大战前首次超越英国,并在两次世界大战之间完全超越英国。1870~1910 年,美国制造业在全球的占比由 23%上升至 35%,英国的占比则从 32%下降到 14%。Madison(麦迪逊)估算的数据显示,1910 年,美国的人均收入高出英国 28%,并且第二次世界大战后美国 GDP 始终占据首位,如图 5.23 所示。

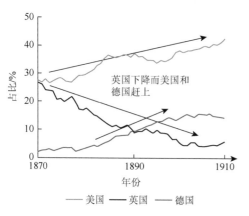

图 5.22　美国、英国和德国发明占全球发明
数量的比例

资料来源:达利欧(2022)

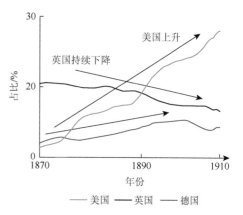

图 5.23　美国、英国和德国 GDP 占全球
GDP 的比例

资料来源:达利欧(2022)

　　美国是最早发展工业化且具有代表性的国家,18 世纪末至 19 世纪 60 年代是美国的工业革命时期。在 1860 年之前,纺织业是美国的支柱产业;从 1860 年到 1900 年,钢铁、煤炭产业迅速发展,成为接近纺织业的支柱产业,与此同时,具有发展潜能的汽车、化工和电器等新兴产业也处于初创阶段;1900 年到 1950 年,以机械设备制造业、生物化工业和钢铁煤炭业为主的重型工业的产值已经超过轻纺织业为主的轻型工业,因此,在这一时期重型工业完全成为美国的支柱产业。第二次世界大战后(1950~1970 年),美国以资本集约型产业为发展的重点,钢铁、汽车、机电产业成为工业发展的支柱产业;在 1970 年到 1990 年期间,美国产业发展类型进一步升级,表现为主导产业更依赖于先进技术,如新材料、新能源、航空工程、计算机等对技术要求很高的新兴产业;在 1990 年到 2000 年期间,美国信息产业发展取得了重大成就,将信息产业与其他产业相互融合、相互交叠,从而激励经济增长。2000 年后,美国对教育行业加大投资以提高整体人力资本水

平，加大科技研发产业投资以保持世界领先地位，加大金融信贷业投资以防范金融危机出现的可能，加大能源产业的投资以防范能源危机，这一系列多行业的投资相继引致服务业加速发展，在这一时期，美国制造业由 22% 的 GDP 占比继续下降，而服务业成为支柱产业并由 72.82% 的 GDP 占比继续上升。2010 年以后，美国政府强调继续强化教育、科技，持续创新以促进经济发展。总结分析美国支柱产业的发展历程，发现支柱产业由最初满足居民家庭基本温饱需求的轻纺工业和农业机器制造业，更替为满足居民家庭生活便利需求的钢铁、机械制造和化工产业等，进一步更替为满足居民家庭初级享受需求的汽车、机电和信息产业，最后更替为满足居民家庭较高享受和服务需求的金融、教育和医疗保健等产业。

我们首先观察 1900～1960 年美国经济繁荣上升的 60 年以及以前的主要产业变迁过程。在第二次世界大战之前，美国经济政策机制主要依赖于市场的自主调节，在此之后，政府逐渐主导和引领经济发展。1860 年以前，由于工业技术处于起步且不成熟阶段，工业技术仅能应用于轻纺织产业的生产，伴随着工业技术的发展，1900 年以后工业技术应用于对钢铁的生产和煤炭的开采，促使经济快速增长，已经成为全球主要经济体中非常强大的产出地，特别是钢铁已经成为美国最主要的支柱产业，同时电子、化工和汽车产业在进入 1900 年之后就开始蓬勃发展。这些综合起来已经奠定了美国强大的军工产业所需的配套基础支撑部件。因而，两次世界大战对军工产品的大量需求成为拉动美国钢铁、机械制造和化工产业在 1900～1950 年迅速发展的重要推动力量。这使我们明白，危机和战争对于一个上升的经济体取得更大的国际产能份额和更高的经济发展成就都是顺理成章的契机。如上所知，大萧条和第二次世界大战之后，美国的产能国际份额从 1900 年的不足 25% 跃升到 1948 年的 50%。战后的第一个 10 年（1950～1960 年），是欧亚主要战场平静下来开始快速恢复建设和生产的阶段。到 1960 年时美国的产出份额仍然在 40% 左右水平，并在此后数年一直维持此水平。

我们现在来观察 1960～2020 年这 60 年中美国重点产业的发展。第二次世界大战之后，美国逐步发展资本集约型产业，传统制造业的利润率日益趋微，无法引起资本投资的持续兴趣。至 20 世纪 70 年代后，新型技术和新材料的开发开始应用于航天探险工程、电子计算机等高新技术产业，这成就了美国 1980～1985 年的上升阶段；1990 年以后，信息产业获得大力发展，并带动了与其息息相关的其他产业的发展。信息产业在大约 1995 年后开始形成红利，引致美国经济此后的 7～8 年的繁荣上升期。信息产业繁荣之后，美国经济缺乏新的实际产业发展带动经济走向新的繁荣，"军工产业＋金融产业"的二元复合体开始日益被寄托更多的重任。

1970 年前后，美国发生经济滞胀问题，其根本原因是需求饱和引致美国国内外需求市场空间几乎饱和，以耐用品为主的各类制造业的产出利润大幅度下降，逐利的资本开始逐步离开这些领域。从 20 世纪 80 年代初到 90 年代中期，私人金融投资占 GDP 的比重持续下降，部分制造业也逐渐扩张至海外。然而，在 1980 年后利润不断增长的金融业成为支撑和引领美国经济的支柱产业，发展至 20 世纪 90 年代其利润进入高速提升阶段，大幅超过非金融行业的利润。这种转变的内在原因是什么？这种英美都曾经历的长周期律是否是必然的？有没有破解这种长周期律的方法？这些问题正是我们未来需要深入思考的内容。有一点需要提前说明，即这样的周期律是同历代中国的朝代更替所体现的周期律本质不同的。历代中国朝代更替是同一个经济体中人民进行领导人重选和分配方案重定的过程，生产方式是重复的，生产内容和经济活动方式也没有本质变化，因而更多的是政治运动的重复。但我们现在观察的英美的周期律是不同经济体经历的相同的发展阶段的表现，即都是工业化升级过程所表现的类似周期律。这一周期律在一个经济体中只经历一次，但在不同经济体间轮转。因而，这种周期律是与现代工业化经济过程相关的发展规律，是不同于中国历史朝代更替的。

产业是创新的载体，美国的迅猛发展主要原因在于其创新和引领了大量产业发展，如 1897~1929 年创新和引领钢铁、石油、电力、汽车等行业，1950~1990 年创新和引领飞机、电视、电脑和石油化工等行业。美国在相应时期进行产业大规模生产，进一步推动经济高速增长。然而，美国发展在近半个世纪一直走下坡路，从各方面分析来看，其核心原因是美国实体经济和工业制造产业的空心化，其中金融行业的发展是引致美国实业经济空心化的重要因素之一。美国盛行发展的金融业市场需求非常有限，而以工业制造业为主的实业经济是满足市场需求的主要方面。20 世纪末，美国将实体产业大量转移至劳动力价格相对较低的亚洲各国，其中，中国成为美国最大的实体产业代工国。

1900 年至第二次世界大战之前美国是西方发达经济国家中工业化发展最快的国家。1900 年的美国 GDP 约 187.5 亿美元，占世界 23.6%（当时中国 GDP 占世界总量的 6.2%，大约是 49.3 亿美元）；经过 20 世纪 30 年代大萧条的剧烈波动，资本主义经济世界格局发生显著变化，到 1948 年，美国所占资本主义世界工业生产总值比重已经上升到 54.6%，独自占世界的比重也接近 50%。在此阶段的发展过程中，可以初步看到，危机和战争不但没有阻碍美国经济的发展，反而促进了美国的相对地位的提升。第二次世界大战之后，德国和日本开始专注于经济建设，美国份额有所下降，但是到 1960~1970 年美国占世界比重仍在 40% 以上。而在此后的 60 年中，美国的份额逐渐下降，与此同时，中国开始发展，并逐步取得惊人成就。1970 年后美国 GPD 占比开始震荡下行，到 2009~2013 年占世界比重已经接近 20%。美国虽然至今仍然是世界上综合实力和 GDP 总量最大的国家，但近 20 年持续的萧条趋势已经日益显著。

日本的经济增长是以产业政策为导向的发展历程。第二次世界大战以后的日本经济十分萧条,因而日本在 1946～1955 年积极调整以实现复苏经济的目标。日本将工业技术和设备应用于农业、纺织产业中,在解决国民基本生存需求的基础上,借助美国在石油等能源的供应,对煤炭、钢铁、电力以及化肥产业大量投入生产,使其成为日本这一时期的支柱产业。1956～1973 年日本经济进入高速增长时期,这一时期日本大力发展重工业,其支柱产业包括:家用电器、汽车航船、煤炭钢铁、电力化工、石油能源。在 1970～1980 年受迫于石油危机,日本对产业结构进行积极调整,将发展中心逐渐转移至第三产业以及组装加工产业。在 1980～2000 年,日本积极应对全球经济发展局势,对产业结构再次做出新的转型,对高新技术产业加大投资,包括生物医学、电子科技、新能源和新材料产业。2000～2020 年,日本进一步深化调整产业结构,重点放在技术创新、信息产业、老龄化社会服务和环保产业等可持续发展产业上。日本的主要支柱产业的轮动过程是由农业和轻纺织产业转向煤炭、钢铁、电力等产业,进一步转向石油化工、造船、汽车、家电等重工化的支柱产业,最后转向高新技术创新、信息产业、老龄化社会服务和环保产业等。总体看来,日本的经济腾飞得益于先进科学技术的引进和自主创新能力,其产业发展历程更像是紧随美国的节奏。

美国和日本的引领发展产生经济高增长的结果遵循以下逻辑思路:自主创新能力产生先进的科学技术应用于现实社会各领域的生产制造中,在满足本国内部需求市场的基础上进一步利用海外贸易的方式扩大需求市场,为大量多余产能寻求消化渠道。各经济体所供给生产的产品在贸易过程中面对着质量、价格和市场等多方面激烈竞争,同时,原进口国家也将先进的技术和原材料引入本国产生本土生产规模,因此,需求市场空间进一步被分割和缩小。随着时间的推移,人们对各类产品的需求逐渐达到饱和状态,大多数的产品仅能依赖新生人口和折旧的需求数量维持产业的生产,形成一个从规模报酬递增转为规模报酬递减的结果。上述分析可以概括为这样的循环规律:技术进步或市场再分配→市场需求空间扩大→市场需求空间饱和→增长衰减(严重时引致经济危机)。

第三节　中国如何规避倒"V"形的发展趋势

1500～1900 年,最引人注目的莫过于英国和中国之间的史诗级"X"形大交叉,如图 5.8,此间伴随着英国对荷兰和西班牙的"领导者经济"地位的替代。除了"领导者经济"地位的轮动规律值得关注之外,更需要重视的是 1750 年至今的人类工业化文明阶段,西方资本主义经济体几乎无一例外地在其工业化发展阶段表现出"工业化初期阶段繁荣上升到后工业化阶段萧条萎缩"的倒"V"形周期特征。然而,各国在这样的周期表现的过程中也有不同,法国和英国的总体顶峰期是最长的,美国在工业总产能水平顶峰期(1945年前后)独占世界总产能的50%。我们最关心的问题是什么机制决定了这样的倒"V"形发展趋势,在以上的研究中已经做出详尽分析,回答了这一重要问题。那么这样的在资本主义经济体中都无法克服的周期律(至少还没有哪个资本主义经济体摆脱这一周期魔咒),在社会主义经济体中有没有可能克服?如何克服?

对该问题的系统研究是我国工业化发展过程中避免陷入类似迷途,寻求解决方案的基础。产业内生性周期规律、产业轮动机制规律以及工业化阶段性与产业发展的关联性机制等联合决定经济长周期一般化发展的规律。只有把发达资本主义经济在工业化过程中呈现近似一致的倒"V"形长周期规律的基本逻辑和内在机理系统、深刻地研究清楚,才能找到我国工业化发展过程中避免类似问题的解决方案;这一问题的解决也是指导国家长期发展产业战略的理论基础,是制定实际产业政策的根本依据。

一、持续增强市场核心竞争力与扩大国内外市场需求空间

2020年4月10日,习近平在中央财经委员会第七次会议上首次提出"构建以国内大循环为主体、国内国际双循环相互促进的新发展格局"①,旨在为国内过剩产能创造更大的市场需求空间,同时维持和提升整体经济增长水平。从传统宏观经济增长理论的发展历程来看,无论是古典经济增长理论、新古典经济增长理论、内生增长理论以及大统一增长理论,较多的理论研究绝大部分是关注于供给侧因素如何决定和影响经济增长的,这是可以被认知和理解的。工业革命爆发以来,技术进步、人力资本、要素禀赋以及 R&D 等因素是决定近 300 年来世界经济高速增长的主要影响因素,但就现阶段世界经济发展全局来看,决定并主导经济增长的因素在供给侧与需求侧之间发生了转换。

目前,越来越多的经济学者及政策制定者均意识到市场需求对经济增长具有重大意义,几乎是决定一国可否实现持续经济增长的主要因素。我国及时推出并实施构建双循环新发展格局是具备超前意识的策略。在上述研究内容中无论是结合数据实证与数值模拟检验还是理论模型推导,均证实了经济中的市场需求逐渐达到饱和,同时最终的经济增长取决于技术创新、需求增速以及需求饱和度这三大因素。双循环新发展格局的良好实施,一方面为我国过剩产能找到消除的去处,维持和提高经济增长水平;另一方面为我国应对全球性滞胀和停滞问题提供了重要解决方案。最终,增强市场竞争力落脚于国家的技术创新能力,扩大市场需求空间落脚于持续实施并优化"双循环"发展新格局。

---

① 《构建新发展格局　重塑新竞争优势》https://www.gov.cn/xinwen/2022-10/12/content_5717732.htm。

2022 年 4 月 10 日，政府对全国统一大市场的建设提出意见，旨在为降低物流成本，促使中国经济在发展的过程中更加轻盈、顺畅及更具活力。这一问题可追溯至改革开放政策执行的本质，一方面逐步构建全国统一大市场，促使市场机制中的资源在全国各省范围内实现有效率的配置，进一步完成各种生产要素、商品和服务在全国各省范围内自由、顺畅地流通和交换；另一方面，将产品和服务的供给与需求积极融入世界市场的贸易中，深度参与国际分工，进一步挖掘和发挥自身潜力，实现经济水平的进一步增长。在当前阶段的学术研究中，对全国统一大市场的建设、运行与完善的思路主要集中在解决好区域间的贸易、劳动力流动和投入产出之间关系的阻塞和矛盾。

全国统一大市场的构建是针对扩大内需发展更加具体的方案，在此方案基础上进一步刺激和拉动消费，全面增强消费需求对经济增长的拉动效果。更进一步分析发现，完善全国统一大市场是刺激国内需求消费、进一步扩大内需的催化剂，而降低物流成本直接降低了数字经济运营成本，促使消费者以更低的消费成本得到同等效用的产品。加快完善全国统一大市场是为了更好地服务全国各省范围内消费群体的需求消费活动，因此，持续扩大内需发展是保证加快和完善全国统一大市场建设的前提。影响扩大内需的核心因素主要包括提高消费者工资性收入、准确把握企业对需求市场的信号以及提升供给能力和水平等因素。

接下来具体地分析如何降低各方面成本以更好地加快完善全国统一大市场的建设与运行。首先，把握影响需求的核心因素是确定如何完善全国统一大市场的应有之义，供给体系的质量与效率存在一定的问题，即市场体制的改进与完善是构建新发展格局的重中之重，而全国统一大市场是深层次改进和完善市场机制的上层设计。其次，加快建设和完善全国统一大市场实际上是疏通供给侧生产方的大量产能，促使新产能和过剩产能更有效、更顺畅地运行和消化，即对供给侧结构性改革政策的补充与升级。最后，仅注重于改进和提升供给体系效率与质量的问题而忽略需求管理的重要性将无法解决其中的核心矛盾。因此，在供给体系的建设中应在以下方面严格地实施统一制度，包括产权保护制度、公平竞争制度、市场准入制度以及社会信用制度等，这有助于市场主体活力得到全局性和根本性的激发。若让供给侧效率和质量得到一定程度的提升则必须由需求侧管理与之相互配合与协同，需求侧管理可考虑给予不同收入层次群体消费补贴，促使商品在"主观需求饱和群体"和"被动需求饱和群体"之间有效配置。政府应灵活设定区域扶持政策，根据不同区域的需求灵活配置不同的人才资源、税收水平和贸易制度。就中国而言，政府应敏锐地把握各区域迫切需要解决的问题。国家大部分边界省份为欠发达地区，但是可以通过区域位置的特殊性发挥邻国的优势，因此，应积极配置和完善金融交易机构，破除对外贸易的阻碍，这样有助于欠发达地区利用地缘优势激励经济增长。

二、优化供给与需求结构的一致性

供需平衡是实现经济增长的必要条件。一方面，供需失衡引致经济均衡水平（潜在增长率水平）下降，因而，努力维持经济体系中供需平衡是避免"变坏"所必需的；另一方面，经济增长的原动力—创新—具有天生引致经济体系失去原来的平衡状态的能力，即经济增长存在潜在的改变旧均衡的倾向。这就形成了潜在的波动反复的原始逻辑：增长→失衡→萧条，这是一个闭合的循环。但这个过程如果嵌入了外部干预（政府管理）始终保证供需的平衡，或者系统自身具有强大的自我实现平衡的能力，则结果就不同：增长→不失衡（政府干预）→高水平均衡。在这一过程机制下，经济实现了发展。由此来看，政府有为条件下维持供需持续平衡是经济增长实现的前提条件。这方面的认知缺乏深入细致的观察研究和理论分析。产业结构内生演化规律的"倒三角"形和需求结构内生演化规律的"正三角"形特征，则证实供需结构存在内生性矛盾。这方面的研究同样是创新性的，但仍需要进一步地深入研究。

需求结构内生演化规律具有"正三角"形特征。需求结构演进的规律决定于需求规律，决定于财富结构的发展规律。需求存在着一般性的规律特征，比如，马斯洛最早提出的需求层次结构理论以及陈昆亭和周炎（2020）提出的有限需求理论都有内生性。而资本主义市场经济体制下的财富结构极化规律也是必然的。因而需求结构演化趋势的"正三角"形特征也是内生必然的。产业体系结构内生演化趋势的"倒三角"形特征的解释，本质上也是归因于产品需求饱和后，产业发展失去动力。这样最先发展起来的基础产业由于需求饱和而逐步丧失资本利润再扩大的可能。为了追逐高额科技创新垄断利润，资本的投资方向始终跟随产业科技进步发展的方向。伴随最大需求的基础端产品的饱和，资本逐步聚集到高端产品。这一演化过程决定于需求有限性决定的产业饱和周期必然性和资本逐利性。这两个性质是市场机制下必然的存在，从而决定了产业体系结构演化趋势"倒三角"形特征的内生必然性。

在工业化的发展过程中，传统增长理论主要关注供给侧因素，这一事实是无可争议的。人们几乎很少考虑到需求方面因素、机制和规律的影响。20世纪30年代的大萧条只是短暂地引起对需求不足，或者有效需求不足的关注（如凯恩斯），甚至谈不上足够的重视。而且很快人们就忘记了这件事，即只有当相对较大幅度的危机发生时，人们才会注意到"需求不给力"这样的事。而且，稍微细致一点的观察就会发现，实际上，不是人们真的没有需求，而是两种尴尬：一是一些人受财务约束无法购买更多的实际上非常需要的产品；二是一方面人们需要的产品类供给不足，另一方面社会生产的一些产品类需求已经饱和。这就形成两个问题：

一是收入结构过度极化（不均衡），造成整体有效购买力下降（因为少数高收入群体的边际需求接近于零，而大量低收入群体购买力不足）；二是供需结构不匹配（不均衡）。

因而，结构性不平衡问题（不仅包括收入结构、供需结构，还包括资本结构、人口结构等）是经济体系呈现病态的主要表现。经济增长的质量、效率、动力都以经济体系健康为基础。没有健康平衡稳定的经济体系，就不可能实现可持续的增长。这方面的问题实际上了解的人很多，研究也很多。但有几个点是不同的：①结构不平衡的微观基础研究；②关于资本主义经济供需结构内生不一致性的研究；③从机理方面看，"收入结构过度极化"和"供需结构内生性不一致"的联合机理研究；④从"供需结构内生性矛盾"管理的手段来看，社会主义经济相对于资本主义经济体系的比较优势研究。资本主义经济中这种矛盾靠自身是无法解决的。这样的矛盾本身就是由市场机制形成的，解决也只能靠市场机制，自身无法解决，所以只有靠外部市场来补充，即扩大市场范围的思路，这种思路正是两次世界大战的根由——市场争夺。在全球一体化的今天，各国发展层次差距极大的背景下，恰恰形成了资本主义经济依靠外部经济协调解决本国产业体系结构不合理矛盾的机会。因而，全球一体化正是资本主义经济推动发展起来的。但资本主义经济的"收入结构过度极化"的矛盾并不会通过全球一体化得到解决，反而会进一步加剧。但资本主义经济学家们似乎没有或者假装没有认清一个事实，即当前资本主义经济日益深化的矛盾并非在于产业结构矛盾（这一点可以通过国际市场消化），而是在于其"收入结构过度极化"的矛盾。这就形成了资本主义经济体系内部对于全球一体化的"爱与恨"的极大不一致性。而社会主义经济有两个特殊的"武器"："特色的价格机制 + 公有资本的大量积累"，因此，社会主义经济可以有效解决供需结构性矛盾。这是非常重要的事，是决定经济体系中各主体活力和营商环境的根本基础，也是经济长期可持续性增长的根本前提。

关于产业体系演化方面的研究是很多的，主要划分为三大部类，即一产、二产及三产。沿袭这一传统产业分类进行研究有很大的局限性，根本无法细致地观察到产业体系结构演化的深层次机制规律。具有战略眼光并付诸行动的真正伟大的学者是林毅夫教授，他和团队一直在深耕结构内生性演化规律的各个角度的研究。林毅夫老师同他的合作者如王勇、菊建东等坚持从"禀赋结构的决定性机制"出发，强调禀赋优势是地方经济发展产业优势的条件和基础。我们的观点与其不同在于从"需求规律 + 资本本性"机制角度出发。林毅夫教授和我们从两种不同的路径都分别论证了产业体系结构演化的内生性机制。两种路径方法如何比较呢？实际上，这并非矛盾，两种机制都是对的，只是各自在不同的经济发展阶段有不同的优越性。

在工业化发展的初期阶段，产业体系的构成中，以初级产业类为主，这类产业生产依赖于大量的初级产品和资源，生产方法方式也相对传统。因而，这类产业生产发展及结构特征更多地体现为与要素禀赋更强的关系；但到后工业化阶段，技术和资本是新兴产业的核心要素，与传统的要素禀赋关联性降低，产业的整体体系的演化规律就更多地决定于"需求规律 + 资本本性"机制。因此。将本书提出的这一创新性的机制与理论厘清并应用于现实环境下的中国经济发展中，是中国规避倒"V"形的发展趋势的重大研究内容。

三、创新和重构我国现代化经济管理理论

垄断是技术领先优势形成的自然市场权；垄断利润是激励进步和发展的动力源泉。因而，垄断的存在是发展的必然。科学管理的核心不是否定和消除垄断，而是要科学地规制、引导和充分发挥其有利性、人民性和公平性。垄断既可以造成市场扭曲失灵，也可以造福社会。管理的最高境界是创造一种体制机制，即氛围或营商环境，让"好的垄断"自然繁荣，让"坏的垄断"自行消亡；让扭曲不会发生，让各方主体有序、良定、有活力、有激情；以达到真正的"内生可持续增长均衡路径"。精准认知规律、科学化现代管理体系能够有效激发经济的活力。

现代化经济管理体系是现代化经济体系建设的重要组成部分，是国家治理体系的核心内容。科学构建"现代化经济体系"是党中央和国家重大发展战略需求。因此，经济管理体系与现代化经济体系及国家治理体系的内在逻辑关系，是当前和未来国家需深入研究解决的重大问题，旨在构建新时代国家现代化管理体系的中国方案。具体来说，对于经济发展过程中改进和完善供需机制所出现的矛盾问题，可以通过制定全国范围内新的供给管理制度，促进区域间协调、匹配、合作发展，尽可能地减少原材料、劳动以及资本的损失内耗，精准提供高效率、高产能的市场需求，以最大力度、最高效率激励国内需求和海外需求。

首先，必须解释资本主义经济体系下工业化过程中的倒"V"形发展趋势规律是如何形成的这一问题。所有经济的工业化发展过程本质上都是产业全面轮动发展的过程，或称为实体经济的繁荣发展的过程。产业经济的繁荣发展归根到底依赖于市场对各个产业产品的需求。因而，产业的总体发展周期根本地受制约于需求规律的特征。资本主义经济发展的同时，也引发了收入结构的极化和人民收入层次的逐步拉大。收入结构决定需求结构。需求结构的演化规律又根本地约束了产业的发展。当收入结构逐步极化到一定程度，有效需求不足成为制约产业发展的根本诱因。同时，每一种产品需求的有限性规律，决定了产业饱和周期的必然性。这就决定了加总以后的产业总水平必然出现一个拐点。即倒"V"形具有资本主义经济体系的必然性。其次，供给侧的产业结构与需求侧的市场结构不一

致是导致这一倒 "V" 形发展趋势的微观层面的主要因素。产业体系结构内生演化趋势为倒 "三角" 形的特征，本质上也是归因于产品需求饱和后，产业发展失去动力。供需结构的不一致问题也就形成了经济周期波动现象的内生性机制。经济的长期增长与短期的繁荣极大不同。长期增长机制归根到底依赖于实体经济，即产业经济的持续繁荣发展。依赖金融、信息、交通、旅游、文化等产业的发展是对实体经济发展效率提升的好的补充，但不能根本上确保长期可持续性。由此可以理解 20 世纪 80 年代实际商业周期理论的逻辑内涵的深刻性。因而，供需结构优化问题是经济长期可持续发展的重大问题。只有深刻理解供需结构一致性问题才能更好地制定科学的规避倒 "V" 形发展周期趋势政策。在当前现阶段的经济体系下，供需结构内生不一致问题无解，长期增长则是不可持续的。

四、实现 "共同富裕" 和 "可持续增长" 双目标任务

共同富裕问题应依据中国经济增长的基本事实分析，基于这些基本事实才能构建适合中国的经济增长理论，解决具有社会主义专属性的问题。无论是从马斯洛需求层次理论还是产业结构变迁规律来看，各经济体的结构变迁与经济增长存在密切关联。经济学者通过观察和总结西方发达经济体的经济发展规律，提出卡多尔事实、新卡多尔事实、库兹涅茨事实以及格申克龙事实。其中，库兹涅茨事实和格申克龙事实对我国经济增长和结构变迁更有参考意义。

共同富裕的实现及产生增长效应的逻辑如下。依据中国经济增长过程中的结构变迁事实提高人力资本水平和调整人力资本结构，实现人力资本水平与经济结构变迁的最优匹配，从而提高整体收入水平并进一步实现共同富裕的目标。共同富裕的结果是提高整体收入水平，进一步提升总体需求消费水平，最终实现经济可持续增长，以此形成一个良好的动态循环。激发和扩大消费需求是实现经济可持续增长的直接性落脚点，消费需求是否能够被激发及扩大又取决于整体收入水平，决定个体收入水平最主要的因素则是个体所具备的人力资本水平。

因此，国家需高度重视高等教育人才的培养和普及。现阶段科学技术快速进步，对人力资本水平的要求逐渐加大，拥有高等教育水平的群体相应的收入水平较高，而低等教育水平群体大多从事基础体力劳动甚至处于失业状态，整体收入水平较低。人力资本水平差距的不断分化是引致收入不平等程度加剧以及阻碍整体收入水平提升的主要因素。内需是双循环中的主体循环，扩大内需的关键在于完善所得税体制。政府积极地出台合理、有效的税收制度，通过补贴低收入群体的收入进而激励消费和提升内需，实现经济可持续增长。政府应灵活设定区域扶持政策，不同区域配置不同的人才资源、税收水平和贸易制度。就中国而言，边界省份大部分为欠发达地区，可以通过区域位置的特殊性发挥邻国的优势，

因此，政府要积极配置和完善金融交易机制，破除对外贸易的阻碍进而扩大外需。直至当前，科学技术仍是第一生产力，创造新产品或新产业是创造和提升需求的重要途径之一。政府需要重视发展科技创新，因为横向创新产品在增加低收入群体就业岗位和提高收入水平的同时也能够提升整体市场需求。另外，提高整体收入水平的同时也将缩小收入不平等程度，这是提升总体内需消费水平尤为重要的措施，是实现经济可持续增长的持续动力，也是实现全民共享发展成果的重要基础。

第四节　本　章　小　结

在马尔萨斯农经时代，工业化新技术尚未出现，整体生产力水平处于低效率水平。但在 15 世纪后开始出现航海技术的探索和船舶的创造。在工业革命发生之前，包括葡萄牙、西班牙、荷兰和英国等国家均是通过航海技术和船舶产业的发展得以实现全球贸易进而收集世界资本最终形成财富的积累。随后，第一次工业革命爆发于英国，这一时期的英国出现大量的机器设备替代原始手工劳动，技术创新推动各种产业的出现和发展，大幅度替代和超越原有的生产效率，生产力水平得到大大的提高，与此同时，殖民活动的程度在全球范围内不断加深，最终于1750 年以后超越荷兰成为世界最富有和强大的国家。美国在 19 世纪开始超越英国成为世界上最强大的帝国，至今仍保持世界第一大国的地位。美国抓住了第二次工业革命的发展机遇，通过技术创新、军事战争和金融发展创造了巨大的财富收益。19 世纪下半叶是美国和平和繁荣发展的时期，但是这一时期由于创新技术的蓬勃发展促使贫富差距严重加剧，被称为"镀金时代"。从图5.8 中清晰地看出美国从 1900 年到 1960 年，从 1960 年到 2020 年呈现出一个显著的倒"V"形发展趋势，这一趋势与之前达到过兴盛顶端的国家走势非常相似，并且比其他帝国具有更明显的趋势特征。进入 21 世纪后，中国在世界范围内的财富增长超过日本，成为最接近美国的第二大国家。改革开放后的中国可谓焕然一新、欣欣向荣，通过创新技术的引入、人力资本水平的整体增加、各产业的逐渐成熟以及贸易化的加深，成为世界第一加工厂。中国抓住制造业发展的机遇，产生大量劳动就业和财富积累，并且当前在金融、军事和教育业等领域上崛起迅速，在全球贸易、GDP产出、技术创新方面与美国已经非常接近。

所有经济的工业化发展过程本质上都是产业全面轮动发展的过程，或称为实体经济的繁荣发展的过程。产业经济的繁荣发展归根到底依赖于市场对各个产业产品的需求。因而，产业的总体的发展周期根本地制约于需求规律的特征。资本主义经济发展的同时，也导致了收入结构的极化和人民收入层次的逐步拉大。收入结构决定需求结构。需求结构的演化规律又根本地约束了产业的发展。当收入结构逐步极化到一定程度，有效需求不足成为制约产业发展的根本诱因。同时，每一种产品需求的有限性规律，决定了产业饱和周期的必然性。这就决定了加总以后的产业总水平必然出现一个拐点。本书认为本章第三节提出的四个重要政策性建议有助于中国实现持续经济增长以及避免经济滞胀和增长衰退问题，即持续增强市场核心竞争力与扩大国内外市场需求空间、优化供给与需求结构的一致性、创新和重构我国现代化经济管理理论，以及实现"共同富裕"和"可持续增长"双目标任务，对中国规避倒"V"形发展趋势具有重大参考与启发意义。

参 考 文 献

蔡强，田丽娜. 2017. 技术创新与消费需求的耦合协调发展：基于东北老工业基地的研究. 经济问题，（9）：20-26.

柴化敏. 2013. 中国城乡居民医疗服务需求与医疗保障的实证分析. 世界经济文汇，(5)，107-119.

陈大和. 2013. 扩大国内消费需求 促进经济持续增长. 求实，(2)：38-42.

陈昆亭，侯博文. 2022a. 需求有限性与经济增长机制的关联效应研究. 世界经济文汇，（1）：36-53.

陈昆亭，侯博文. 2022b. 收入不平等、需求有限性与经济增长效应研究：基于 30 个国家面板数据的分析. 湖南大学学报（社会科学版），36（4）：45-55.

陈昆亭，周炎. 2007. 文化与发展：大分流的形成. 制度经济学，（2）：141-165.

陈昆亭，周炎. 2017. 创新补偿性与内生增长可持续性理论研究. 经济研究，52（7）：34-48.

陈昆亭，周炎. 2020. 有限需求、市场约束与经济增长. 管理世界，36（4）：39-53.

陈昆亭，周炎. 2021. 有限需求理论：长期经济增长可持续性及路径稳定性的视角研究. 北京：人民出版社.

崔健. 2013. 日本关于产品创新与经济增长之间关系的研究：基于需求的视角. 现代日本经济，（6）：30-39.

达利欧 R. 2022. 原则：应对变化中的世界秩序. 崔苹苹，刘波译，北京：中信出版社.

芬德利 R，奥罗克 K. 2012. 强权与富足：第二个千年的贸易、战争和世界经济. 华建光译. 北京：中信出版社.

高波，雷红. 2021. 居民消费率、消费结构与经济增长效应：基于 260 个城市 CLDS 的数据研究. 河北学刊，41（2）：136-145.

龚志民，李子轩. 2020. 消费与经济同步增长的机理分析与国际比较. 湖南大学学报（社会科学版），（6）：58-65.

古继宝，亓芳芳，吴剑琳. 2010. 基于 Gompertz 模型的中国民用汽车保有量预测. 技术经济，29（1）：57-62.

郭克莎，杨阔. 2017. 长期经济增长的需求因素制约：政治经济学视角的增长理论与实践分析. 经济研究，52（10）：4-20.

郭克莎. 2019. 适度扩大总需求与产业结构调整升级. 经济学动态，（2）：3-16.

郭庆旺，赵志耘. 2014. 中国经济增长"三驾马车"失衡悖论. 财经问题研究，（9）：3-18.

洪银兴. 2013. 消费需求、消费力、消费经济和经济增长. 中国经济问题，（1）：3-8.

侯博文. 2021. 需求有限性与经济增长效应的影响研究. 云南财经大学学报，37（3）：27-41.

侯新烁，周靖祥. 2013. 需求引致增长：三大结构效应的时空演化. 数量经济技术经济研究，30（5）：18-32.

胡建生, 纪明. 2013. 中国经济增长的需求分析及其政策含义. 中央财经大学学报, (2): 48-52.

黄彩虹, 张晓青. 2020. 创新驱动、空间溢出与居民消费需求. 经济问题探索, (2): 11-20.

黄凯南. 2015. 供给侧和需求侧的共同演化: 基于演化增长的视角. 南方经济, (12): 1-9.

黄群慧, 陈创练. 2021. 新发展格局下需求侧管理与供给侧结构性改革的动态协同. 改革, (3): 1-13.

纪明, 刘志彪. 2014. 中国需求结构演进对经济增长及经济波动的影响. 经济科学, (1): 10-22.

纪明, 许春慧. 2017. 论中国当前供需结构性改革思路: 基于供需转换与经济持续均衡增长视角. 社会科学文摘, (4): 50-52.

纪明. 2010. 需求变动与经济增长: 理论解释及中国实证. 经济科学, (6): 18-29.

纪明. 2012. 需求驱动下的经济增长及增长中的价格水平波动: 基于投资与消费本质属性分析框架的阐释. 经济与管理研究, (1): 18-28.

加亚尔 D, 德尚 B. 2014. 欧洲史. 蔡鸿滨, 桂裕芳译. 海口: 海南出版社.

康志勇, 张杰. 2008. 有效需求与自主创新能力影响机制研究: 来自中国 1980—2004 年的经验证据. 财贸研究, 19 (5): 1-8.

李伯重. 2011. "江南经济奇迹" 的历史基础: 新视野中的近代早期江南经济. 清华大学学报 (哲学社会科学版), 26 (2): 68-80, 159.

李冬琴. 2016. 创新驱动视野的供给促进与需求诱致. 改革, (12): 46-54.

李建伟. 2013. 耐用消费品需求增长周期与经济增长关联度: 1978—2012. 改革, (7): 31-42.

林毅夫. 2011. 新结构经济学: 重构发展经济学的框架. 经济学 (季刊), 10 (1): 1-32.

林毅夫. 2017. 新结构经济学的理论基础和发展方向. 经济评论, (3): 4-16.

刘金全. 2002. 当前中国经济增长的有效需求驱动特征. 经济科学, (1): 35-39.

刘瑞翔, 安同良. 2011. 中国经济增长的动力来源与转换展望: 基于最终需求角度的分析. 经济研究, 46 (7): 30-41, 64.

吕铁, 黄娅娜. 2021. 消费需求引致的企业创新: 来自中国家电行业的证据. 经济管理, 43 (7): 25-43.

马尔萨斯 T R. 1962. 政治经济学原理. 厦门大学经济系翻译组译. 北京: 商务印书馆.

麦迪森 A. 2003. 世界经济千年史. 伍晓鹰, 许宪春, 叶燕斐, 等译. 北京: 北京大学出版社.

毛立本, 于清文, 姜玉华等. 1981. 几种耐用消费品需求函数和需求预测的研究. 经济研究, (10): 71-77.

倪红福, 王晓星, 王欠欠. 2020. 贸易限制指数的动态演变及增加值贸易效应. 中国工业经济, (12): 140-158.

欧阳志刚, 彭方平. 2018. 双轮驱动下中国经济增长的共同趋势与相依周期. 经济研究, 53 (4): 32-46.

彭刚, 胡晓涛. 2021. 人口变化、资本积累和产业政策: 对东西方大分流和战后发展中国家工业化差异的解释. 当代经济科学, 43 (1): 105-117.

奇波拉 C M. 1988. 欧洲经济史: 十六和十七世纪 (第二卷). 北京: 商务印书馆.

钱学锋, 裴婷. 2021. 国内国际双循环新发展格局: 理论逻辑与内生动力. 重庆大学学报 (社会科学版), 27 (1): 14-26.

渠慎宁，李鹏飞，吕铁. 2018. "两驾马车"驱动延缓了中国产业结构转型？——基于多部门经济增长模型的需求侧核算分析. 管理世界，34（1）：66-77.

任保平. 2016. 供给侧改革与需求管理相结合的经济增长路径. 甘肃社会科学，（4）：208-212.

任泽平，张宝军. 2011. 从内外需关系看中国经济增长的双轮驱动模式：基于非竞争型投入产出模型的实证研究. 重庆理工大学学报（社会科学版），25（3）：1-11，18.

荣昭，盛来运，姚洋. 2002. 中国农村耐用消费品需求研究. 经济学（季刊），1（2）：589-602.

沈利生. 2009. "三驾马车"的拉动作用评估. 数量经济技术经济研究，26（4）：139-151，161.

石华军，楚尔鸣. 2016. 中国经济增长：需求与供给双侧发力. 财经科学，（2）：42-49.

史晋川，黄良浩. 2011. 总需求结构调整与经济发展方式转变. 经济理论与经济管理，（1）：33-49.

孙军. 2008. 需求因素、技术创新与产业结构演变. 南开经济研究，（5）：58-71.

汤铎铎，刘学良，倪红福，等. 2020. 全球经济大变局、中国潜在增长率与后疫情时期高质量发展.经济研究，（8）：4-23.

王勇，沈仲凯. 2018. 禀赋结构、收入不平等与产业升级. 经济学季刊，17（2）：801-824.

王勇，汤学敏. 2021. 结构转型与产业升级的新结构经济学研究：定量事实与理论进展. 经济评论，（1）：3-17.

温忠麟，张雷，侯杰泰，等. 2004. 中介效应检验程序及其应用. 心理学报，36（5）：614-620.

吴振宇. 2014. 终端需求变动趋势与潜在经济增速的关联度. 改革，（8）：37-43.

杨贵中，白云升. 2016. 四大需求对中国产业经济增长的拉动作用测度. 山东社会科学，（8）：170-173，159.

杨洋，魏江，罗来军. 2015. 谁在利用政府补贴进行创新？——所有制和要素市场扭曲的联合调节效应. 管理世界，（1）：75-86，98，188.

余斌. 2021. 新结构经济学的批判. 当代经济研究，（1）：67-75，112.

查道中，吉文惠. 2011. 城乡居民消费结构与产业结构、经济增长关联研究：基于 VAR 模型的实证分析. 经济问题，（7）：19-22.

张兵，刘丹. 2012. 美国农产品出口贸易的影响因素分析：基于恒定市场份额模型测算. 国际贸易问题，（6）：49-60.

张成思，田涵晖. 2020. 结构性通货膨胀与通货膨胀预期形成机制. 经济研究，55（12）：148-164.

赵留彦. 2008. 供给、需求与中国宏观经济波动. 财贸经济，（3）：59-65.

中国社会科学院经济研究所. 2020. 《中国经济报告（2020）》总报告组：全球经济大变局、中国潜在增长率与后疫情时期高质量发展. 经济研究，（8）：4-23.

周密，胡清元，边杨. 2021. 扩大内需战略同供给侧结构性改革有机结合的逻辑框架与实现路径. 经济纵横，（9）：34-42.

周炎，陈昆亭，庞尧. 2020. 需求约束、货币政策体系与经济增长："有限需求"假设下经济增长"负向螺旋"机制. 经济评论，（6）：60-71.

Agarwal R，Gort M. 1996. The evolution of markets and entry，exit and survival of firms. The Review of Economics and Statistics，78（3）：489-498.

Aghion P，Howitt P. 1992. A model of growth through creative destruction. Econometrica，60（2）：323-351.

Akamatsu K. 1935. Wagakuni yomo kogyohin no susei. Shogyo Keizai Ronso，13：129-212.

Alder S，Boppart T，Müller A. 2022. A theory of structural change that can fit the data. American Economic Journal：Macroeconomics，14（2）：160-206.

Aoki M，Yoshikawa H. 2002. Demand saturation-creation and economic growth. Journal of Economic Behavior & Organization，48（2）：127-154.

Arrow K J. 1962. The economic implications of learning by doing. The Review of Economic Studies，29（3）：155-173.

Bass F M. 1969. A new product growth for model consumer durables. Management Science，15（5）：215-227.

Baumol W J .1967. Performing arts：the permanent crisis. Business Horizons，10（3）：47-50.

Beerlit A. 2010. The evolution of durable goods demand during China's transition. An empirical analysis of household survey data from 1989 to 2006. Switzerland：Institute for Empirical Research in Economics - University of Zurich .

Boppart T. 2014. Structural change and the kaldor facts in a growth model with relative price effects and non-gorman preferences. Econometrica，82（6）：2167-2196.

Cebiroğlu G，Unger S. 2017. On the relationship of money supply，consumer demand and debt. Vienna：University of Vienna，Saint Anselm.

Chenery H B . 1960. Patterns of industrial growth. The American Economic Review，50（4）：624-654.

Chenery H B. 1989. Introduction to part4. Handbook of Development Economics，2：851-853.

Chetty R，Szeidl A. 2016.Consumption commitments and habit formation. Econometrica，84（2）：855-890.

Clark C. 1951. The Conditions of Economic Progress. London：Macmillan.

Clark G . 2014. The industrial revolution. Handbook of Economic Growth，2：217-262.

Dalio R. 2020. Principles for Dealing with the Changing World Order. New York：Simon & Schuster.

Dinlersoz E M，Macdonald G. 2009. The industry life-cycle of the size distribution of firms. Review of Economic Dynamics，12（4）：648-667.

Fisher A G B. 1939. Production，primary，secondary and tertiary. Economic Record，15（1）：24-38.

Gabardo F A，Pereima J B，Einloft P. 2017. The incorporation of structural change into growth theory：a historical appraisal. Economi A，18（3）：392-410.

Galor O，Mountford A. 2003. Trade，demographic transition，and the great divergence：why are a third of people Indian or Chinese. London：CEPR.

Galor O，Weil D N. 2000. Population，technology，and growth：from malthusian stagnation to the demographic transition and beyond. American Economic Review，90（4）：806-828.

Gancia G，Zilibotti F. 2005. Horizontal innovation in the theory of growth and development//Aghion P，Durlauf S N. Handbook of Economic Growth. Amsterdam，London：North Holland：117-170.

Garegnani P，Trezzini A. 2010. Cycles and growth：a source of demand-driven endogenous growth. Review of Political Economy，22（1）：119-125.

Gill I，Kharas H，Bhattasali D，et al. 2007. An east asian renaissance：ideas for economic growth.

World Bank Publications，22（2）：57-59.

Gollin D，Parente S L，Rogerson R. 2002. The role of agriculture in development. American Economic Review，92（2）：160-164.

Gollin D，Parente S L，Rogerson R. 2007. The food problem and the evolution of international income levels. Journal of Monetary Economics，54（4）：1230-1255.

Gollin D，Zimmermann C. 2007. Malaria：disease impacts and long-run income differences. Bonn：IZA.

Gordon R G. 1933. Habit formation. Mental Welfare，14（2）：29-37.

Gordon R J. 2016. The Rise and Fall of American Growth. Princeton：Princeton University Press.

Gort M，Klepper S. 1982. Time paths in the diffusion of product innovations.The Economic Journal，92（367）：630-653.

Grossman G M. 1991. Helpman E. Quality ladders and product cycles. The Quarterly Journal of Economics，106（2）：557-586.

Hansen A H. 1939. Economic progress and declining population growth. The American Economic Review，29（1）：1-15.

Hansen G D. 1985. Indivisible labor and the business cycle. Journal of Monetary Economics，16（3）：309-327.

Herrendorf B，Herrington C，Valentinyi A. 2013. Growth and Structural Transformation. London：CEPR.

Herrendorf B，Rogerson R，Valentinyi Á. 2014. Growth and structural transformation. Handbook of Economic Growth，2：855-941.

Hirooka M. 2006. Innovation Dynamism and Economic Growth：a Nonlinear Perspective. Camberley：Edward Elgar Publishing.

Hodrick R J，Prescott E C. 1997. Postwar U. S. business cycles：an empirical investigation. Journal of Money，Credit and Banking，29（1）：1-16.

Jorgenson D W. 1967. Surplus agricultural labour and the development of a dual economy. Oxford Economic Papers，19（3）：288-312.

Ju J D，Lin J Y，Wang Y. 2015. Endowment structures，industrial dynamics，and economic growth. Journal of Monetary Economics，76：244-263.

Kaldor N. 1961. Capital accumulation and economic growth//Lutz F A. The Theory of Capital. London：Palgrave Macmillan.

Kalecki M. 1969. Studies in the Theory of Business Cycles 1933-1939. New York：Augustus M. Kelley.

Keynes J M. 1936. The General Theory of Employment，Interest，and Money. London：Macmillan.

Klepper S，Graddy E. 1990. The evolution of new industries and the determinants of market structure. RAND Journal of Economics，21（1）：27-44.

Kojima K. 2000. The "flying geese" model of asian economic development：origin，theoretical extensions，and regional policy implications. Journal of Asian Economics，11（4）：375-401.

Kurose K. 2009. The relation between the speed of demand saturation and the dynamism of the labour market. Structural Change and Economic Dynamics, 20 (2): 151-159.

Kuznets S. 1971. Economic Growth of Nations: Total Output and Production Structure. Cambridge: Belknap Press of Harvard University Press.

Kuznets S. 1973. Modern economic growth: findings and reflections. The American Economic Review, 63 (3): 247-258.

Laitner J. 2000. Structural change and economic growth. The Review of Economic Studies, 67 (3): 545-561.

Lewis W A. 1954. Economic development with unlimited supplies of labour. The Manchester School of Economic and Social Studies, 22 (2): 139-191.

Lucas Jr R E. 1987. Models of Business Cycles. Oxford: Basil Blackwell.

Lucas Jr R E. 1988. On the mechanics of economic development. Journal of Monetary Economics, 22: 3-42.

Lucas Jr R E. 2004. The industrial revolution: past and future. Lectures on Economic Growth, 109-188.

Lucas Jr R E. 2009. Trade and the diffusion of the industrial revolution. American Economic Journal: Macroeconomics, 1 (1): 1-25.

Maslow A H. 1943. A theory of human motivation. Psychological Review, 50 (4): 370-396.

Matsuyama K. 1992. Agricultural productivity, comparative advantage, and economic growth. Journal of Economic Theory, 58 (2): 317-334.

Murakami H. 2016. Economic Growth with demand saturation and "endogenous" demand creation. Metroeconomica, 68 (4): 966-985.

Murphy K M, Shleifer A, Vishny R W. 1989. Income distribution, market size, and industrialization. The Quarterly Journal of Economics, 104 (3): 537-564.

Neffke F, Henning M, Boschma R, et al. 2011. The dynamics of agglomeration externalities along the life cycle of industries. Regional Studies, 45 (1): 49-65.

Notarangelo M. 1998. Aunbalanced growth with saturation of demand. Economic Journal of Hokkaido University, 27: 53-63.

Oosterhaven J, Hoen A R. 1998. Preferences, technology, trade, and real income changes in the european union: an intercountry decomposition analysis for 1975-1985. The Annals of Regional Science, 32 (4): 505-524.

Park, S. 1998. Transitional Dynamics of Structural Changes. Seoul: Institute of Economic Research, Seoul National University.

Pasinetti L. 1993. Structural Economic Dynamics. Cambridge: Cambridge University Press.

Pollak R A. 1970. Habit formation and dynamic demand functions. Journal of Political Economy, 78 (4, part1): 745-763.

Pollak R A. 1971. Additive utility functions and linear engel curves. The Review of Economic Studies, 38 (4): 401-414.

Pomeranz K. 2001. The Great Divergence: China, Europe, and the Making of the Modern World Economy. Princeton: Princeton University Press.

Prescott E C. 1986. Theory ahead of business cycle measurement. The Quarterly Review, 10: 9-22.

Ramsey F P. 1928. A mathematical theory of saving. The Economic Journal, 38 (152): 543-559.

Romer P M. 1986. Increasing returns and long-run growth. Journal of Political Economy, 94 (5): 1002-1037.

Rostow W W. 1960. The Five Stages of Growth: A Summary. Cambridge: Cambridge University Press.

Rostow W W. 1978. The World Economy: History and Prospect. London: University of Texas Press.

Samuelson P A. 1976. Agreement and evaluations: the optimum growth rate for population. International Economic Review, 17: 516-525.

Saviotti P P, Pyka A. 2004. Economic development by the creation of new sectors. Journal of Evolutionary Economics, 14 (1): 1-35.

Saviotti P P, Pyka A. 2013. From necessities to imaginary worlds: structural change, product quality and economic development. Technological Forecasting and Social Change, 80 (8): 1499-1512.

Saviotti P P, Pyka A. 2017. Innovation, structural change and demand evolution: does demand saturate? Journal of Evolutionary Economics: 337-358.

Solow R M. 1956. A contribution to the theory of economic growth. The Quarterly Journal of Economics, 70 (1): 65-94.

Stokey N L. 2001. A quantitative model of the british industrial revolution, 1780-1850. Carnegie-Rochester Conference Series on Public Policy, 55 (1): 111-115.

Syrquin M. 2010. Kuznets and pasinetti on the study of structural transformation: never the twain shall meet? Structural Change and Economic Dynamics, 21 (4): 248-257.

Syrquin M, Chenery H B. 1989. Patterns of development, 1950 to 1983. World Bank-Discussion Papers.

Tavassoli S . 2015. Innovation determinants over industry life cycle. Technological Forecasting and Social Change, 91: 18-32.

Tvede L. 2006. Business Cycles: History, Theory and Investment Reality. Hoboken: Wiley.

Utterback J M, Abernathy W J. 1975. A dynamic model of process and product innovation. Omega, 3 (6): 639-656.

Van Neuss L. 2019. The drivers of structural change. Journal of Economic Surveys, 33 (1): 309-349.

Vernon R. 1966. International investment and international trade in the product cycle. The International Executive, 8 (4): 16.

Walker J F, Vatter H G. 2000. How fast can the US economy grow, 1995-2020?. Futures, 32 (2): 121-129.

Wolfe M. 1955. The concept of economic sectors. The Quarterly Journal of Economics, 69 (3): 402-420.

彩　图

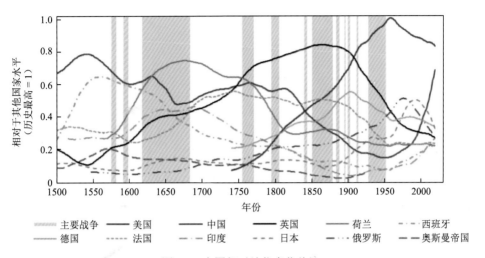

图 5.8　大国相对地位变化估计

资料来源：达利欧（2022）